KANTU ZOUTIANXIA CONGSHU

Zoujin Shijie Zhuming Bowuguan

U0594555

走进世界著名
博物馆

本丛书编委会 编

看图走天下丛书

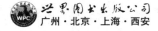

世界图书出版公司
广州·北京·上海·西安

图书在版编目（CIP）数据

走进世界著名博物馆/《看图走天下丛书》编委会编．—广州：广东世界图书出版公司，2009.5（2024.2 重印）

（看图走天下丛书）

ISBN 978－7－5100－0634－0

Ⅰ. 走… Ⅱ. 看… Ⅲ. 博物馆—世界—青少年读物 Ⅳ. G269. 1－49

中国版本图书馆 CIP 数据核字（2009）第 072294 号

书　　名	走进世界著名博物馆
	ZOUJIN SHIJIE ZHUMING BOWUGUAN
编　　者	《看图走天下丛书》编委会
责任编辑	韩海霞
装帧设计	三棵树设计工作组
出版发行	世界图书出版有限公司　世界图书出版广东有限公司
地　　址	广州市海珠区新港西路大江冲 25 号
邮　　编	510300
电　　话	020-84452179
网　　址	http://www.gdst.com.cn
邮　　箱	wpc_gdst@163.com
经　　销	新华书店
印　　刷	唐山富达印务有限公司
开　　本	787mm×1092mm　1/16
印　　张	10
字　　数	120 千字
版　　次	2009 年 5 月第 1 版　2024 年 2 月第 12 次印刷
国际书号	ISBN　978-7-5100-0634-0
定　　价	48.00 元

前　　言

博物馆的产生萌发于人们的收藏意识。在 4000 多年前，埃及和美索不达米亚的统治者就注意寻找保藏珍品奇物。

现代意义的博物馆在 17 世纪后期出现。在 18 世纪，英国的一位内科医生汉斯·斯隆，为了让自己的收藏品能够永远"维持其整体性、不可分散"，决定把自己将近 8 万件的藏品捐献给英国王室。王室为此决定成立一座国家博物馆。1753 年，大英博物馆建立，成为全世界第一个对公众开放的大型博物馆。

1946 年，国际博物馆协会在法国巴黎成立。1974 年协会对博物馆进行了明确的定义，公益性成为其首要职责。从 1977 年开始，国际博物馆协会把每年的 5 月 18 日确定为"国际博物馆日"，并且每年都会确定一个主题。

无论以前人类曾有过多么辉煌的文明，都无一例外地将被历史的烟尘所湮没，人类在不断地创造着文明，文明却无法永生——这是永恒的法则。但是，我们仍然可以通过某个途径去寻找这些文明的踪迹。这个途径就是博物馆。

世上最奇妙的事情，莫过于穿越时空的隧道，欣赏自己平日欣赏不到的景象。现代的博物馆，更是通过对文物、图片、模型和现代声光电等高科技手段的综合运用，来展现古文明、异域文化的历代演变和丰富的文化内涵，让人震撼于古人的智慧和岁月的变迁。

从某种角度上说，了解一个地方的过去和现在是从博物馆开始的。一座博物馆就是一部物化的发展史。人们通过文物与历史对话，穿过时空的阻隔，俯瞰历史的风风雨雨。它让人们可以在难得的静谧、幽雅的气氛中，补充自己的知识。博物馆如同一幅画卷，在参观者面前慢慢展开，源源地将过去的故事输送出来。

例如，陕西的兵马俑可以使参观者深切地感受古与今、静与动的强烈对比。在人马车队前，身临其境，仿佛依稀可以看到滚滚车轮正向疆场挺进。一墙之隔的外面是繁华的都市，每有车辆经过，都会传来一阵轰鸣。在这上下却又隔了2000多年的时空隧道，外面轰鸣而过的现代交通工具与地下静静矗立的兵马俑，就这样时空交错，完美地叠加在一起。也只有在这里，才能感受到那种历史车轮疾驶的独特意境。

曾经轰动京城的青州佛像展，单纯从美的角度来说，就丝毫不亚于龙兴寺佛教造像和大足石刻、云冈石窟和龙门石窟，单是详细研读一下佛像脸上迷人的微笑，就可以感受到一种说不出的、可穿透心灵的震撼力。

本书精选世界著名博物馆，全面介绍博物馆的由来与发展，诠释博物馆的功能与其蕴涵的人文精神，使读者在阅读时如同跟随一位博学而亲切的导游做了一次环球博物馆之旅。到一个城市不看博物馆，犹如进宝山却空手而回。为使您没有这种遗憾，我们编写了这本书。

目　录

故宫博物院（中国）

　　故宫博物院，坐落在我国北京城的中部，是中国最大的博物馆，也是世界上著名的宫廷艺术博物馆。

　　故宫，建成于明朝永乐十八年（1420）。旧称紫禁城。总占地面积 72.4 万平方米，总建筑面积 16 万平方米，城周环以 10 米高的城墙，周长 3248 米。从明朝永乐皇帝到清朝溥仪被逐出宫的近 500 年间，先后有明朝的 14 个皇帝和清朝的 10 个皇帝在这里生活和处理国事。

　　利用这座宫殿成立故宫博物馆是在 1925 年 10 月。它迄今收藏文物 90 多万件，一类为清代宫中的历史文物和奇珍异宝，另一类为历代文化艺术作品，包括名画、书法、碑刻、碑帖、印玺、瓷器、雕刻、玉器、漆器、珐琅器、金银器、丝织刺绣品、文房四宝，以及商周战国时期的青铜器和外国钟表等。

故　宫

故宫博物院有"历代艺术"、"绘画"、"青铜器"、"陶瓷"、"珍宝"、"钟表"、"玩具"、"铭刻"、"文房四宝"、"清代典章文物"、"清代戏剧文物"等专馆。

　　"历代艺术馆"展出自原始社会至清末艺术珍品1600多件。这里有6000年前的玉石器和彩陶，5000年前的黑陶和白陶，商周的青铜器珍品，战国的玉器和彩绘漆器，秦兵马俑，汉代壁画、画像砖、画像石，三国两晋南北朝的雕刻、书画和佛教造像，隋唐的绘画名作《游春图》及《步辇图》（摹本），唐三彩及金银器精品和唐"大圣遗音"、"九霄环佩"两琴，五代至南宋的宫廷绘画代表作，宋的名窑瓷，元的文人画和宗教雕刻，明代的瓷器和文房四宝以及主要流派的书法、绘画代表作品，清的瓷器、雕塑和珐琅器。

　　"绘画馆"轮流展出院藏古代书法、绘画珍品。其中有晋陆机《平复帖》，是传世最早的名家书法墨迹；晋顾恺之《洛神赋图》、《列女图》（宋摹本），是传世最早的名家绘画作品；隋展子虔《游春图》、唐阎立本《步辇图》、唐韩滉《五牛图》、宋郭熙《窠石平远图》、宋李公麟《临韦偃放牧图》、宋张择端《清明上河图》等名作，以及唐宋以来诸名家如颜真卿、柳公权、欧阳询、苏轼、黄庭坚、米芾等人的书画真迹。

　　"青铜器馆"展出商代到战国时期的青铜器代表作。其中有商朝的鼎、尊、觚、爵、角等器物，西周的带有长篇铭文、精致纹饰的青铜器，春秋战国时期的"鲁大司徒鼎"、"楚王鼎"以及各种铜镜、铜币、铜印玺等。

　　"陶瓷馆"展出有6000年前黄河流域的彩陶，5000年前山东地区的黑陶，4000年前商代的原始瓷器以及东汉时期的青瓷；有隋唐至宋元时期的河北邢窑制品、"三彩釉"、"釉下彩"；有明代"鲜红釉"、"宝石红釉"、"淡黄釉"、"孔雀绿釉"、"斗彩"、"五彩"及清"珐琅彩"。

　　"珍宝馆"展出有金、银、玉石、玛瑙、水晶制工艺品及餐具、茶具、酒具和礼品。乾隆年间制造的一套16枚金编钟，共用黄金13500

两。乾隆为收存他母亲梳落的头发而制作的一件金发塔，高1米多，用黄金4400两，塔座及塔身镶满了宝石。还有一件"大禹治水玉山"，有几千千克重，玉料采自新疆，用4年时间才转运、雕琢完成。

"钟表馆"展出清宫所藏国内外生产的古代及近代钟表，用料贵重，装饰华丽，设计精巧。有的形体高大，紧发条要踏梯上钟楼；有的到时门扉开启，偶人缓

金发塔

缓出场；有的到时琴鼓齐鸣，奏出优雅美妙的音乐；有的或作花束间旋转，或流水淙淙，或小鸟枝头歌唱，或雄鸡引颈啼鸣，甚至还有一个机器人能写工整的汉字。

这些馆里陈列的展品，仅占收藏总数的百分之几，但已是洋洋大观了。在故宫的太和殿、中和殿、保和殿、乾清宫、交泰殿、坤宁宫、养心殿、储秀宫、长寿宫等殿堂里，则是按清代宫廷的原样作原状陈列。

太和殿，俗称金銮殿，高26.92米，面积2380平方米。殿里的梁枋，一式彩绘贴金，金碧辉煌。六根盘龙柱直抵殿顶。这个殿主要用于皇帝即位、大婚、册立皇后等重大典礼。在皇帝生日和吉庆节日里，皇

钟表馆

帝要在这里大宴群臣。

中和殿，高 27 米，面积 580 平方米，是个正方形的殿。它是皇帝在太和殿举行庆典前作准备的地方。

保和殿，高 29 米，面积 1240 平方米。殿内柱子极少，显得宽敞异常。在明代，它是册立皇后、太子时，皇帝更换礼服的地方。清代中后期，则作为殿试的场所，在这里选拔状元、榜眼、探花和进士。

秦始皇兵马俑博物馆（中国）

中国陕西省临潼县城东 7.5 千米，有一个被世人赞誉为"世界第八奇迹"、"世界最雄伟的地下军事博物馆"的中国秦始皇兵马俑博物馆。它吸引着中外旅游者，也吸引了几十位国家元首和政府首脑的到访。秦

兵马俑

始皇兵马俑坑的浩荡气势，显示了秦始皇统一中国以后，作为一个中央集权的大帝国，其国势的强盛，经济的发达，文化艺术的繁荣。

秦始皇兵马俑是 1974 年一群农民挖掘大口井时发现的。经过考古工作者的发掘整理，1979 年 10 月 1 日，秦始皇兵马俑博物馆正式建成对外开放。全馆占地 13.3 万多平方米，以三个坑为中心进行博物馆的配套建筑。建在一号坑上的保护性展览大厅，建筑面积 1.6 万多平方米，南北 72 米，东西 230 米，建筑高大宏伟。

三座坑共 8000 多陶兵马俑，组成了秦始皇时气势宏大的军阵排列。一号坑是它的主体，6000 多件兵马俑呈长方形列阵，前面是三排 210 个武士组成的前锋，后面则是步兵、马和战士相间组成的 38 路纵队，其两侧及后面各有一列武士向内而立，可能是护卫。陶俑、陶马与真人真马的比例、大小都很接近；它们不同的装束和军阵中的位置，显示了各自的等级和兵种。有将军、有中下级军官，大量的是兵卒；除步兵俑外，还有不同装束、姿势各异的骑兵俑、驭手俑、车士俑、铠甲俑、战袍俑、立射俑、跪射俑等。陶俑的制作十分精美，古代雕塑家们运用高超的技艺，塑造了古代秦军将士们不同的表情和内在的性格。将军的神态威武庄重，士兵们有的机敏和悦，有的凶悍勇猛，面部造型有的还显示了西北少数民族的特征。出土的陶马昂首挺立，四蹄矫健，结构严谨，与威武的将士相配合，使人感到了昔日秦军的赫赫声威。

二号坑面积 6000 平方米，此坑由步兵、骑兵、车兵组成，共约有陶俑、陶马千余件。三号坑较小，仅 520 平方米，可能是整个军阵中的指挥部。

陈列室里展出了出土的万余件金属兵器中的一部分，大多为青铜制造，有剑、戈、戟、铍、殳、吴钩、弩机、箭镞等。其中吴钩和铍是首次发现，填补了古兵器的空白。出土的青铜剑，埋在地下 2000 多年，至今仍不锈不蚀，闪闪发光。经电子探针等分析，其表面有一层约 10～15 微米的含铬化合物的氧化层，具有很强的抗锈蚀功能。这种工艺在欧美各国的使用，只不过是近几十年的事，而中国却早在 2000 年前就已掌握，可以说是冶金史上的一大奇迹。

博物馆还设有一个特展室，即著名的秦陵铜车马馆。这是 1980 年冬在秦始皇陵西侧，发掘出土的两乘秦代大型彩绘铜马车，其大小相当于真车的一半，均为双轮、单辕，前驾四匹铜马，车上各有铜御官俑 1 件。车马鞍具齐全，与真车马无异。其中二号车的全部零件有 3462 件，包括金制零件 737 件，银制零件 983 件。铜车素雅的色彩，与金银饰件相配，十分精致华贵。这乘铜车长 3.17 米，高 1.06 米，辕长 2.46 米。车舆分成前后两室，前室小，后室大，中间有挡板相隔，有一个很精巧的前后相通的窗户。车的上边，罩有一个大篷盖，使车室形成一个轿状的长方形大密闭室，车身左右都有小窗户，从车内可以看到车外，而从车外却很难看清车内。在车篷盖里和前后的箱板、车外下层、门扉内外等都有非常美丽的纹饰。经过修复，现在用机械联结的链条，仍非常灵活，车的窗门，仍可启闭自如；带动轮轴，仍可自由运行，不能不令人拍手叫绝。四匹铜马的装饰也十分讲究，马鬃刷齐，中部剪有一朵"鬃花"，颈项都悬挂璎珞，呈穗状，左骖马和右骖马颈上还套有金银项圈。另外，四匹马的脸上各饰有金当卢一件，这是马的装饰品。这辆运用铸、焊、铆、镶嵌、错磨等多种工艺手段制造的古代马车，显示了极高的技艺水平，是人类古代文明宝库中的一颗明珠。这两辆车埋在秦始皇陵的西侧，显然是秦始皇车马仪仗的象征。它们对于研究我国古代皇帝的舆服制度提供了十分宝贵的资料。

看了铜车马，我们联想当年秦始皇五次大规模出巡的情景。据历史记载：第一次是在公元前 220 年，大队车马西巡，从京师咸阳出发到陇西郡（今甘肃东南部），再经鸡头山（今甘肃平凉市西），路经回中（今甘肃平凉市北），然后回归咸阳；第二次是在公元前 219 年，车驾从咸阳出发，过函谷关，经洛阳，然后登临泰山，再向渤海以东进发，登芝罘岛（今烟台）至琅玡（今山东诸城），再折向西南，途经徐州，南渡淮水，直抵衡山南部，入武归，回归咸阳；第三次是公元前218年。原计划仍按那二次路线，但却遇到了"博浪沙事件"，途经河南中牟县境时，被一刺客用大锥击中副车后即中途折返咸阳；第四次出巡，直抵碣石（今河北乐亭附近的海滨）；最后一次出巡是在公元前210年，从咸阳启程，沿丹水、汉水直到云梦（今湖北西部），又到江苏虎丘，再绕道浙江的会稽山，又至瑯琊。在回归途中，行至沙丘平台（今河北巨鹿东南）时一病不起，鸣呼哀哉。这几次出巡，我们只能套用《阿房宫赋》"雷霆乍惊，宫车过也。辘辘远听，杳不知其所之也"的情景去神会。那么如今，我们看到秦兵马俑和铜车马后，则秦始皇出巡的浩浩荡荡的场面，就仿佛历历在目了。

兵马俑博物馆经过近30年的建设，已经成为我国大型博物馆之一。它不仅有了配套的陈列设施，而且开展了多种科研和学术活动。一门分支学科——秦俑学，已在此基础上形成。由于兵马俑无与伦比的学术和艺术价值，每年到此参观的中外观众达200多万人。秦始皇陵兵马俑已与长城、故宫、周口店猿人遗址和敦煌莫高窟等古迹一起，被联合国教科文组织的世界遗产委员会宣布为"世界文化遗产保护项目"。

中国历史博物馆（中国）

在北京天安门广场的东侧，有一座雄伟端庄的现代建筑物，它的南半部，就是中国历史博物馆。

中国历史博物馆的前身是 1912 年 7 月成立的北京历史博物馆。1926 年定名为国立历史博物馆，1930 年改名为中央研究院北平历史博物馆，1949 年解放时，仍名北京历史博物馆，1959 年迁入现址后，改称中国历史博物馆。该馆是通过中国通史的基本陈列来勾画中国历史轮廓的。所以，它收藏、保管的各类文化藏品，来自全国各地。30 多万件藏品，内容广泛、全面、质量精美，是其他馆无法相比的。

中国历史博物馆以 9000 余件珍贵文物的陈列，组成了一部用实物写成的中国历史。《中国通史陈列》，从约 170 万年前的"元谋人"起，到公元 1840 年鸦片战争前夕止，按中国历史发展过程，分为"原始社会"、"奴隶社会"、"封建社会"三个部分，展示了中国历史上各社会形态，以及重大事件和杰出人物，系统、形象地表现了中华民族的悠久历史、灿烂文化、优良传统和各族人民共同创造祖国历史的业绩。

原始社会部分的陈列，把人们带入 170 万年前到距今 4000 多年前的社会。1965 年在云南省元谋县早更新世晚期的地层中发现的两颗"元谋人"牙齿化石，证明了 100 多万年前我国已是人类活动的一个重要地区。1963 年，陕西省蓝田县中更新世早期地层中发现的"蓝田人"头骨化石和石器，说明蓝田人已能制作工具。北京周口店出土的四五十万年前的"北京人"化石，头骨比较原始，但四肢接近于现代人，说明长期劳动可以创造人的真理。"北京人"的遗物，不仅有大量的石器，还有许多灰烬和烧骨，说明他们当时已会用火和保存火种，他们成群地过着采集和狩猎的生活。

十万年前后，开始进入母系氏族社会。广东"马坝人"、山西"丁村人"和湖北"长阳人"，制造石器的技术不断改进，像"丁村人"的三棱尖状器就是十分著名的，反映了当时采集和狩猎经济的发展。两三万年前的广西"柳江人"和周口店"山顶洞人"，体质基本上已和现代人一样，他们发明了磨制、穿孔技术，制作骨、角器，还用骨针把兽皮缝成衣服。山西峙峪出土的 1 万年前的箭头，表明当时已发明了弓箭。六七千年前，原始农业和牲畜饲养业有了发展，并掌握了制陶和原始纺织技术，这时已有了雕塑和彩绘。陕西半坡陶器上刻划符号可能是我国文学的雏形。在 5000 年前，社会进入父系社会时期，人们已经有了固定的住房，种植着水稻和粟子等农作物。畜牧业也有了新的发展，陈列的动物骨证实了当时已饲养猪、狗、牛、羊。手工的冶炼、制陶专业也开始出现。

奴隶社会部分的陈列，展示的是公元前 21 世纪到公元前 476 年的历史，即夏、商、西周、春秋时期，是中国奴隶社会形成和发展的时期。这部分陈列的珍贵文物越来越多，有宫殿、城市的模型和图片，有许多铭刻着甲骨文的龟甲、兽骨，还可以看到商代制造的著名的青铜器。如：重达 875 千克的司母戊鼎，以及造型精美的龙虎尊和四羊尊。西周的盂鼎、曶鼎，盂鼎上 291 字的铭文，记载了周王一次赏赐给贵族盂 1709 个奴隶的史实，曶鼎上的铭文记载了当时 5 个奴隶的价格只等于一匹马和一束丝。还有各种手工业制品以及金属铸币——空首布等，都表明社会政治经济发展程度是前所未有的。春秋时期铁器开始出现，这时社会生产力的发展，具有划时代的意义。

在封建社会部分，展品展示的是公元前 475 年到公元 1840 年的历史，按朝代说，起自战国，历经秦、汉、三国、两晋、南北朝、隋、唐、五代、辽、宋、西夏、金、元、明、清16个朝代。

封建制度的形成，促进了社会经济、文化的发展。展出的各地出土的战国铁范和铁工具，反映了当时铁器的广泛使

司母戊鼎

用，它为大规模开垦农田、兴修水利、改进耕作技术提供了有力的条件；展出的湖南、湖北、河南等地出土的大量精美漆器、金属器物和丝麻织品等，表现了古代人民高度的智慧；展出的诸侯国的金属货币、度量衡器，以及砖瓦、下水管道等，反映了当时商业和城市的发展；展出的屈原辞作、扁鹊医术等，说明了当时科学、文化、艺术的进步。

进入秦朝，统一的多民族封建国家建立了。展出的秦始皇兵马俑坑出土的陶俑、陶马，显示了当年秦朝大统一的气势。

"齐铁官印"封泥和五铢钱，是汉朝实行盐铁官营和货币专铸的遗物。在这里，张衡的地动仪模型、铜奔马、铜长信宫灯等文物，都是引人注目的展品。

三国、两晋、南北朝时期，文学、书法、绘画、雕塑艺术尤为发展。这里陈列了许多艺术品，反映了这个时期的文化水平。其中有一具南北朝的仰覆莲花青瓷尊，耐人观赏。

隋、唐、五代，进入了经济、文化繁荣的新阶段。展品如精致的螺

细镜、金银平脱镜、艳丽多彩的纺织品、釉色晶莹的瓷器、著名的唐三彩，代表着当时工艺新成就。这个时期还发明了雕版印刷术，天文学和医药学也有了新的发展。敦煌、龙门的石窟艺术，以及书法、绘画、音乐、舞蹈、建筑等都显示了新的风格。

辽、宋、西夏、金、元时期，开始向封建社会后期过渡。展出的我国古代三大发明——火药、印刷术、指南针，对世界历史发展有伟大贡献。

长信宫灯

明、清两代是封建制度渐趋衰落和资本主义萌芽的阶段。明代的青花瓷器和五彩、斗彩瓷器，光彩照人。《皇都积胜图》和《南都繁会图》描绘了明代北京和南京商业繁荣的情景；福建长乐《天妃灵应碑》记载了郑和出使各国的情况；永昌元年"工政府屯田清吏司契"铜印及"永昌通宝"等是明末李自成农民革命政权遗留下来的珍贵文物。还有体现我国与亚洲、非洲、欧洲各国进行贸易和科学、文化交流的文物。

清代的展品反映了清末的阶级矛盾的尖锐化，预示着封建社会行将灭亡的征兆。

北京地质博物馆（中国）

你知道地球是怎样形成的吗？你知道地壳的结构吗？你知道地表形态吗？你知道地下有哪些宝藏吗？如果你想知道地质科学中数以千百计的"为什么"，请到北京地质博物馆。

北京地质博物馆位于北京西四"羊肉胡同"东口。它的前身是1916年在北京成立的面积不到100平方米的农商部地质研究所标本陈列室，后改称为地质矿产陈列馆。到1932年，陈列面积扩大到1000平方米，它的陈列成为1958年建成的地质博物馆的雏形。

新馆于1959年正式开馆，它是一座6层大楼，总建筑面积1万平方米，基本陈列面积6000平方米。有五个陈列室，即"矿产资源室"、"地球史室"、"地层古生物室"、"矿物岩石室"、"中国矿床室"。

一楼大厅陈列的是我国的矿产资源，陈列面积600平方米，共展出我国各个地区不同类型的矿石标本1000多种。我国地大物博，以矿产丰富，镶石、炼金文明驰名于世。世界上已知道1500种矿产，均能在我国找到，其中多数矿种蕴藏一定的储量，有的还居世界前列。在这个展室中共展出农用及化工矿产、金属矿产、有色金属矿产、燃料化工矿产、非金属矿产、美术工艺矿产、特种金属矿产等七个方面的矿产标本。在"矿产资源展望"部分，还介绍了关于开发海洋、开拓地壳深部矿体、探索矿产的新用途，运用新技术找矿以及发展人造矿石等方面的知识。

"地球史室"，陈列面积 600 平方米。它通过实物标本、灯光板面、图表、自动模型和布景箱，介绍了有关地球的形成及其在宇宙中的位置、地球的主要物理场、地球的层圈构造、地壳运动的证据和轨迹、大陆漂移、地表形态、中国地貌，以及风化、风、流水、地下水、泥石流、冰川、湖泊、海岸、岩石的破坏和形成等方面的知识。还通过大量的标本，介绍了自然环境的变迁和古生物的演化过程。它包括早生代——藻类、海生无脊椎动物时代；晚古生代——裸蕨植物、鱼类、蕨类植物和两栖类动物时代；中生代——裸子植物和爬行动物时代；新生代——被子植物和哺乳动物时代。

"地层古生物室"，展出面积 500 平方米。它向观众展示了生命起源、进化的一系列画面。它以地质时代为顺序，展出了我国各个时代的古生物化石。有距今 5 亿年的三叶虫化石，有距今 3 亿年的鱼类化石，有中生代的恐龙化石，有新生代的哺乳动物和昆虫化石，还有万物之灵的人类化石。这些原始生物从无到有，从低级到高级，古老的生命日益发展变化，生物种类日益繁多，最终形成了今天这样热闹非凡的世界。生命发展的缓慢进程，人类当然无法亲眼

北京地质博物馆收藏的恐龙化石

看到，但生命的步履在各地层上留下的印记却清楚地展现在博物馆里，给观众以无尽的遐思。

"矿物岩石室"，展出面积500平方米。矿物部分，主要介绍了矿物的结晶习性、外表形态以及矿物的物理化学性质；岩石部分，主要介绍了岩浆岩、沉积岩、变质岩等三大类岩石类型，以及它们在不同条件下形成的结构构造。"中国矿床室"，展出面积600平方米，主要通过各种类型的矿床实例，介绍了我国主要矿产生成的地质条件、成矿特征及其分布规律，共展出60多个矿种，180个实例，2100多块标本。

地质博物馆里还有一个灿烂瑰丽、光芒闪耀的宝石世界。那就是观众极感兴趣的"宝石陈列室"。进了展室，人们会情不自禁地惊呼起来。展现在观众眼前的是一个光彩夺目的世界：那么多、那么大、那么晶莹的金刚钻石；那么艳丽而红光四射，像一轮旭日喷吐而出的红宝石；那么湛蓝，像海天一色的蓝宝石；那么多五光十色、争妍斗丽使人眼花缭乱的猫眼儿石、橄榄石、祖母绿、碧硒、欧泊、翡翠、松石、木变石、青金石；那么端庄、文雅、雍容华贵的新疆和田玉、陕西蓝田玉、海南独山玉、辽宁岫岩玉；那么精致而又风格各异的端砚、歙砚、洮砚和松花石砚。这里，使我们想起了《天方夜谭》中被阿里巴巴打开的那座山洞宝库，百般品味而总感兴犹未足，时间逗留虽久而仍不愿离开该陈列室。

地质博物馆确实把人们带进了既奇幻莫测而又确确实实地存在着的无生物世界中去。

国立故宫博物院（中国）

　　位于台北市郊阳明山脚下双溪至善路 2 段 221 号，始建于 1962 年，是仿照北京故宫样式设计的宫殿式建筑，1965 年落成，1966 年启用，原名中山博物院，后改为国立故宫博物院。台北故宫博物院是中国著名

国立故宫博物院

的历史与文化艺术史博物馆。建筑设计吸收了中国传统的宫殿建筑形式，淡蓝色的琉璃瓦屋顶覆盖着米黄色墙壁，洁白的白石栏杆环绕在青石基台之上，风格清丽典雅。

台北故宫藏品包括清代北京故宫、沈阳故宫和原热河行宫等处旧藏之精华，以及海内外各界人士捐赠的文物精品，共约60万件，分为书法、古画、碑帖、铜器、玉器、陶瓷、文房用具、雕漆、珐琅器、雕刻、杂项、刺绣及缂丝、图书、文献等14类。博物院经常维持有5000件左右的书画、文物展出，并定期或不定期地举办各种特展。馆内的展品每3个月更换1次。

台湾故宫博物院占地总面积约16公顷，依山傍水，气势宏伟，碧瓦黄墙，充满了中国传统的宫殿色彩。博物院的主体建筑分为四层，正院呈梅花形，第一层是办公室、图书馆、演讲厅；第二层是展览书画、铜器、瓷器、侯家庄墓园模型及墓中出土文物；第三层陈列书画、玉器、法器、雕刻及图书、文献、碑帖、织绣等；第四层为各种专题特展。在第三层后面建有一座26米长的走廊直通山腹的山洞，山洞离地面50米，内有拱形洞三座，每座长180米，高、宽均为3.6米，分隔成许多小

国立故宫博物馆保存的文物

库房，中间为通道，分类收藏着各种文物。

1911 年中华民国成立之初，溥仪与中华民国签订《清室优待条件》，溥仪仍继续住在紫禁城。1914 年，热河避暑山庄和沈阳故宫的文物移至紫禁城的外廷，设立"古物陈列所"对外开放。1924 年 11 月，溥仪被冯玉祥逐出紫禁城。溥仪居住紫禁城这段期间，因赏赐、故臣借观、拍卖点押、窃取盗卖，使 1200 多件书画精品、古籍善本和大量珍宝流失。随后于紫禁城成立清室善后委员会，整理宫内珍藏文物。1925 年 9 月，成立清室古物保管委员会，由李石曾出任委员长。清室善后委员会制定《故宫博物院临时组织大纲》、《故宫博物院临时董事会组织章程》及《故宫博物院临时理事会章程》。10 月 10 日，在北京紫禁城建立"故宫博物院"（此时尚无设置院长），为国立故宫博物院前身。

1928 年 6 月，国民政府委员会委员经亨颐提案废除故宫博物院、成立逆产处理委员会处理并变卖故宫文物，建议在南京另设"国立中央博物院"，后来在古物保管委员会委员长张继的反对下，使经亨颐的前两项计划无法成功。同一时间派易培基接收故宫博物院，公布《故宫博物院组织法》与《故宫博物院理事会条例》，隔年 2 月接任第一任院长。

故宫博物院于抗日战争的前夕，选择重要文物南迁。1931 年，日本发动九一八事变侵占东北后，国民政府开始计划将博物院文物南运。隔年，日军攻占热河、进逼北平，故宫理事会要求博物院选择院藏文物精华装箱储置，开始南运。

1933 年 2 月 6 日，北平戒严，华北情势告急，第一批南迁文物抵达上海，期间南迁文物共五批 19557 箱，包含古物陈列所、颐和园、国子监等单位文物的 6066 箱。隔年 2 月，公布《国立北平故宫博物院暂行组织条例》，故宫改隶行政院，命马衡为院长。

1936 年 12 月，南迁文物由上海转运南京。1937 年 1 月，故宫博物院南京分院（中央博物院）正式成立。8 月，上海爆发淞沪会战，南迁文物再由庄尚严等人第一批 80 箱南京文物迁至长沙；隔年 11 月再转运至贵阳安顺暂置（1944年再运往四川巴县）。

1937年11月，第二批9369箱以水路，经由长江至汉口；1939年5月再移往宜昌、重庆至四川乐山。第三批7286箱文物由那志良走陇海铁路运至宝鸡；1939年7月，再转卡车经汉中运抵成都，随后又运往峨眉古庙安置，成立故宫博物院峨眉办事处。最后南迁至南京的文物，约2900箱文物因来不及运送，滞留在南京。北平沦陷后，北平故宫仍留有许多文物，沦陷期间还在继续清点未曾登记的文物，并又广泛征集了一批珍贵文物。南京国民政府命令还在北平的故宫博物院院长马衡，将留下文物菁华装箱，分批空运南京，马院长以各种理由推延装箱，以至于后来一箱也未运走。

抗战结束后，杭立武向日本索回许多珍贵的图书和艺术品，随后运往台湾的精品文物之中就有这部分图书和艺术品。包含了北平故宫博物院2972箱，中央博物院852箱书画、瓷器、玉器，另外加上国立北平图书馆的善本图书和外交部条约档案等共5422箱。

1945年，抗日战争胜利后，南迁文物先集中运至重庆。1947年6月，南迁文物由重庆循水路运回南京，至12月全数运抵。解放战争后期，杭立武负责抢运这批故宫国宝至台湾，中华民国政府迁运台湾的文物本来计划共运送五次，但因战争形势突变一共只运了三次。1948年解放战争胜利在即，国民政府令故宫博物院挑选贵重文物以军舰转运台湾。国民政府将故宫博物院南迁文物、国立中央博物院筹备处文物、国立中央图书馆善本图书、中央研究院历史语言研究所考古文物、外交部档案开始运往台湾，成立"中央文物联合保管处"。12月27日，第一批文物320箱由中鼎舰运抵基隆港。原故宫博物院文物分3批运走2972箱。一起运台的还有中央博物院筹备处文物852箱及其他单位文物。文物运台后，先存台中市，租借台中市糖厂仓库存放。

1949年，第二批由招商局海沪轮于1月6日运出，1月9日到达基隆，共计1680箱。第三批文物由昆仑号军舰于1月29日运出，2月22

日运抵基隆港，共 972 箱；第三次原本计划搬运 1700 箱，但军舰一到海军部眷属就抢先上船，杭立武只好找海军司令桂永清解决，最后下令拆除办公桌，但由于运输舰舱位有限，最后只能运出 972 箱，另 728 箱被迫留在南京。为阻止文物迁台，南京中央博物院共产党员陶孟和曾发动群众阻止，但未成功。

1965 年，台北市士林区外双溪现址落成新址为纪念孙中山先生百岁诞辰，命名为中山博物院。台湾"行政院"公布了《国立故宫博物院临时组织规程》，规定设置国立故宫博物院，改直属于行政院。中央博物院筹备处文物由故宫博物院保管使用，将来国家统一后，迁台文物仍交回原博物院。中央博物院归并故宫博物院后，故宫博物院全部文物由台中运至台北中山博物院，以此作为院址，1965 年 11 月 12 日正式开幕。至此，运台文物才得到一个适当的保存环境。运台文物主要为书画、铜器、瓷器、玉器、漆器、珐琅、雕刻、文具、图书、文献及其他工艺品，初为 230863 件，中央博物院并入后，增至 242592 件。连同整理后的档案 30 余万件及受赠、收购 1 万余件，目前共有 60 万件。其中，后来运往台湾 2972 箱，占原南迁文物箱件数的 22%。

1969 年，订定《国立故宫博物院藏品征集办法》，在台湾展开增加藏品的行动。1967 年至 2008 年 8 月期间，透过其他机关移交 1651 件，受赠 32326 件册，收购 12751 件册，合计 46728 件册。

1989 年，国立故宫博物院管理委员会聘请社会学者、专家 40 余人组成委员小组，再次进行全院藏品文物的清点检验，至 1991 年 5 月完成。此次完成了藏品文物登录号签张贴，文物建卡照片摄照以及文物保存状况的了解。

在台湾故宫博物院收藏的珍品中，有甲骨档案 2 万多片，该院收藏的甲骨档案数量列世界甲骨收藏机构的第二位；瓷器 2 万多件，包括原始陶器到明清瓷器，该院的中国古代瓷器是全世界各博物馆中最精、最多的；铜器 1 万多件，包括历代钱币，其中有商周到春秋战国时期的青铜器 4300 多件，如商代蟠龙纹盘、兽面纹壶、西周毛公鼎、战国牺尊等；玉器 5 万多件，其中有著名的新石器时代的玉璧、玉圭、玉璜以及闻名海内外的清代玉雕"翠玉白菜"、"避邪雕刻"、"三镶玉如意"等；书画真迹近 1 万件，其中有从唐至清历代名家的代表作，如"三稀"之一的王羲之《快雪时晴帖》、黄公望的《富春山居图》后部长卷、怀素的《自叙帖》、颜真卿的《刘中使帖》、苏东坡的《寒食帖》等；善本古籍有近 2 万册，包括中国仅有四部的《四库全书》较完整的一部；明清档案文献近 40 万件，其中有清朝历代皇帝的奏折、军机处档案、清史馆档、实录、起居注等，以及世界罕见的满文老档案等。

　　翠玉白菜原陈列于宿末瑾妃所居住的北京永和宫，是清代艺人巧妙地运用一块一半灰白、一半翠绿的灰玉雕成，把绿色的部位雕成菜叶，白色的雕成菜帮、菜叶自然反卷，筋脉分明，上面攀爬两只红色小息的螽斯虫。螽斯虫，属飞蝗翠玉白菜科，俗名"纺织娘"或"蝈蝈儿"，善于高声鸣叫，繁殖力很强。在《诗经·周南》中有"螽虫"一篇是为祝福他人子孙众多的诗篇。这棵白菜和真白菜一样大，好像用指甲掐一下就会出水一样，增添了活意，令人叹服。在当时，白菜象征家世清白，螽斯虫则有子孙绵延之意，可以说这是件别有涵义的嫁妆。另外还有一块几乎乱真的"红烧肉"，雕刻之细，形象之逼真，世上少有。宋代青瓷中质地最好也是最为罕见的是汝窑瓷（汝窑在河南省汝州市），它以细腻的胎体、精巧的片纹和浅蓝、天蓝与淡青釉的虹彩而闻名，现存于世的仅 67 件，其中台北故宫博物院就有 23 件（另外北京故宫有 17 件，上海博物院有 8 件，英国大维德爵士基金会有 7 件）。瓶底烧印有"丰华" 2 字的一只铜梯形的青蓝色瓷瓶尤其名贵，是南宋皇帝宋高宗的贵妃刘夫人的宫中之物。

南京博物院（中国）

南京博物院，是中国最早创建的博物馆之一，是一座大型综合性的省级历史与艺术类博物馆，前身是 1933 年蔡元培等倡建的国立中央博物院筹备处，1950 年更名为南京博物院，位于南京城东中山门内中山东路 321 号，占地约 13 万平方米。

1933 年，由我国近代民主革命家、教育家，时任国立中央研究院

南京博物馆

院长的蔡元培先生倡议创建的国立中央博物院筹备处落成。蔡先生亲自兼任第一届理事会理事长，在中山门半山园征地 12.9 公顷，原拟建"人文"、"工艺"、"自然"三大馆，后因时局关系，仅建"人文馆"，即现在的南京博物院大殿。该建筑为仿辽代宫殿式，由民国著名建筑师徐敬直设计，经建筑大师梁思成修改，1936 年 6 月开始兴建，1947 年告竣，为博物院主楼。整个大殿雄伟壮观，是近代建筑史上的杰作，其结构部分按《营造法式》设计建造，某些细部和装饰兼采唐宋遗风。

当时通过收购、拨交、发掘，集中全国第一流珍品约二三十万件，其中包括绘画中的《历代帝后像》、《唐明皇幸蜀图》；铜器中的毛公鼎、司母戊鼎等稀世国宝。该院当时为全国唯一一座仿照欧美第一流博物馆建馆的现代综合性大型博物馆，直属当时的教育部领导。北平历史博物馆曾一度归属于中央博物院的建制而成为分院。

中央博物院的建筑设计思想是力图体现中国早期的建筑风格，以弘扬中华民族传统文化精神，同时区别于中山东路上其他几幢大屋顶的仿古建筑。辽式建筑于 10 至 12 世纪在我国北方形成，它继承了唐代的传统，又有变化，主要表现为造型朴实雄浑，屋面坡度较平缓，立面上的柱子从中心往两边逐渐加高，使檐部缓缓翘起，减弱大屋顶的沉重感。尤其是屋顶下简洁而粗壮有力的斗拱，主要是起结构受力作用，不像明清以来的建筑斗拱，装饰意味越来越浓，受力性能越来越弱。中山东路的其他几幢仿古建筑，基本上就是仿明清风格的。博物院建筑委员会经过研究，决定采用辽代的式样来建造博物院。徐敬直的设计图原是仿清式建筑的，在梁思成、刘敦桢两位顾问的指导下，徐敬直和李惠伯两人重新设计了建筑图案。总体布局强调深层次的对称轴线，主体建筑离中山东路主干道较远，前面留下宽敞的空间，做草坪、广场和绿化带，大殿前建有宽大的三层平台，这样设计，可以衬托主体建筑的雄伟高大。大殿仿辽代蓟县独乐寺山门形式，其结构多按《营造法式》设计，某些细部和装修兼采唐宋遗存。大殿为七开间，屋面为四面曲面坡的四阿式，上铺棕黄色琉璃瓦。陈列室仿自美国某博物馆，做成平屋顶，外墙加中国古典式挑檐，使之与大殿风格协调。整座建筑物设计科学合理，比例严谨，是在满足新功能的要求下，采用新结构、新材料建造的仿辽式殿宇的优秀实例，受到建筑界和社会各界人士的好评。

1934 年 7 月，傅氏因中央研究院本职事务太忙而离职，教育部改聘李济继任。李济上任后，着手进行博物院主体建筑的兴建，成立"中央博物院建筑委员会"，委员长为翁文灏，委员有张道藩、傅汝霖、傅斯年、丁文江、李书华、梁思成、雷震、李济。在 1934 年 7 月 26 日第一次会议上，公推其中的张道藩、傅斯年、丁文江三位为常务委员，梁思成为专门委员，会议还讨论了征用院址土地的问题。8 月 4 日，筹备处即正式致函南京市政府，拟征收中山门内路北旧旗地为院址。至 1935 年 4 月，市政府正式函复，划定半山园旗地 100 亩为院址，后又增加 93 亩。地价、青苗、拆迁诸费共 5 万多元，由中央研究院补助，于 1935 年分别拨付。建筑费由管理中英庚款董事会补助 150 万元。当时计划建：自然馆 1410 平方丈，人文馆 1320 平方丈，工艺馆 2000 平方丈，公用 270 平方丈，共计 5000 平方丈。建筑工程分三期进行，第一期包括行政办公楼和人文馆等，人文馆暂由三馆共用。同年 4 月 16 日第二次会议上，通过了征选建筑图案章程，邀请李宗侃、李锦沛、徐敬直、杨廷宝等 13 位建筑师送设计图参选。审查委员会由管理中英庚款董事会总干事杭立武、著名建筑师刘敦桢、专门委员梁思成及张道藩、李济等 5 人组成。经审查，全部图案均不符合章程规定，故决定从各图中选出比较合用、最有修改价值的图案。用不记名投票的方法，审查委员们一致选出兴业建筑事务所建筑师徐敬直设计的图案，报呈教育部备案。

院建筑委员会聘请徐敬直为本院建筑师，由他会同专门委员梁思成等修正原图，测量院址，并指导、监督建筑工作。参选的十多份建筑图案，还于同年 10 月初在博物院筹备处公开陈列展览。

抗战期间，中央博物院筹备处连同所属的文物于 1937 年底迁离南京，将文物分三路转移到西南各处，经过数处辗转，最终于 1940 年底驻扎于宜宾李庄，与同在一地的中央研究院历史语言研究所、同济大学、中国营造学社、金陵女子大学、北大文科研究所等著名科研教育机构一起成就了李庄"抗战文化中心"之名。

日寇占据南京期间，在博物院设有防空总机构，对已完成的部分大加改造，并破坏多处，损失严重。1946 年 8 月至 12 月，在中山门内院部，建筑委员会连续召开了三次会议，讨论并通过了修复工程计划。在修复计划决定前，由傅斯年代表建筑委员会，通过谈判，解决了原承包商江裕记问题，得以另行招标复工。经过公开招标，报价最低且信誉很好的陆根记中标。1946 年 12 月份签订合同后，即行开工，仍按原设计图案进行。主要项目包括人文馆陈列室、大小讲堂及图书室、理事会及院长办公室、人文馆保存库、研究室等。电气、卫生及消防等附属工程，也以招标的形式进行。1948 年 4 月，第一期工程及附属工程竣工，并通过验收。5 月 29 日至 6 月 8 日，中央博物院筹备处与故宫博物院在新落成的博物院陈列室内举办了联合展览，展出商周铜器、汉代文物、民族文物、历代帝后像等，蒋介石、于右任等要员名流出席、参观，观者塞途。

1949 年新中国成立后，南京博物院进入一个新的历史阶段，仍称"国立中央博物院"，直接由中央文化部领导。1950 年 3 月 9 日经文化部批准正式改为"国立南京博物院"，性质仍是全国综合性历史艺术博物馆，由文化部文物事业管理局领导，经费由中央拨款，任务由文化部直接布置，如南唐二陵发掘、六朝陵墓调查等。

50 年代初，人民政府又拨款对博物院的建筑做整修、增建，至此，博物院的第一期建筑工程算最后完成。博物院的主体建筑完美地体现了设计图案的精神和要求，形象古朴庄重，气势雄伟高大，因屋檐两边呈弧形渐渐向上翘去，庄重中又略有轻灵之感，而不显板滞沉重，成为南京城东一处醒目且耐人品赏的风景。

藏品征集工作也有长足发展，目前有各类藏品42万件，国宝级文物和国家一级文物有2000件以上，其中考古发掘品、少数民族文物、外国文物、宫廷器皿、清代文书以及日寇投降仪式的文物，都是全国独有的罕见品，科学价值较高。院藏中外专业图书近30万册，其中还有全国少有的善本书和殿版书。历年新征集的古代书画，总数亦在3万件以上，其中包括宋、元时代的珍品，不论在数量上或质量上，都是名列全国前茅的精品。建国后新出土的东海大贤庄旧石器，邱县大墩子彩陶器，仪征、丹徒、六合等地出土的西周和春秋时代青铜器，盱眙出土的战国金兽，徐州和扬州东汉诸侯王墓出土的银缕玉衣及"广陵王玺"金印，南京、丹阳一带六朝时代的青瓷器和"竹林七贤及荣启期"砖刻壁画，以及南京祖堂山南唐二陵的陶舞诵，都是备受国内外学术界瞩目的珍品。近年主持或参加的考古工作，如昆山赵陵、高邮龙虬庄、扬州唐城、徐州狮子山西汉楚王陵以及苏州真山吴楚贵族墓地，"八五"期间，相继被评为全国十大考古发现及获得荣誉奖。与日本学术单位合作的"佛教南传"、"早期水稻田遗址考古"、"江南人骨研究"都取得了备受国内外瞩目的成绩。

中国美术馆 （中国）

　　中国美术馆是以收藏、研究、展示中国近现代艺术家作品为重点的国家造型艺术博物馆。1963 年 6 月，毛泽东主席题写"中国美术馆"馆额，明确了中国美术馆的国家美术馆地位及办馆性质。主体大楼为仿古阁楼式，模板是敦煌莫高窟主楼建筑，黄色琉璃瓦大屋顶，四周廊榭围绕，具有鲜明的民族建筑风格。主楼建筑面积 22379 平方米，一至五层楼共有 20 个展览厅，展览总面积 7000 平方米，展线总长 2110 米，

中国美术馆

其中一层9个展厅，一层和二层之间的夹层有3个小型展厅，展览面积总和达4305平方米，展线长1400米；二层5个展厅，展览面积总和1500平方米，展线长429米；三层3个展厅，展览面积总和863平方米，展线长235米。1995年新建现代化藏品库，面积4100平方米。

中国美术馆收藏各类美术作品近10万余件，以新中国成立前后时期的作品为主，兼有民国初期、清代和明末的艺术家的杰作，藏品中主要为近现代美术精品，其中有对20世纪中国传统绘画产生重要影响的画家及作品。仅齐白石的作品就有410件，另包括任伯年、吴昌硕、黄宾虹、徐悲鸿、李可染、蒋兆和、司徒乔、吴作人、罗工柳、吴冠中等人的作品。还包括大批中国著名美术家的代表作品和重大美术展览中的获奖作品，以及丰富多彩的民间美术作品。收藏品类有绘画、雕塑、陶艺、民间美术等数十个品类。其中包括年画、剪纸、玩具、皮影、彩塑、演具、木偶、风筝、民间绘画、刺绣等民间美术品。在馆藏品中德国收藏家路德维希夫妇捐赠欧美国际艺术品117件，其中有毕加索作品4幅，这是我国首次大量收藏的西方艺术品，此外还有非洲木雕及其他外国美术作品数百件。

建馆40多年来共举办各类美术展览及国内外著名艺术家作品展览3100多个，除具有影响的全国性展览外，影响较大的国际展览有"美国哈默藏画500年名作原件展"、"法国19世纪农村风景画展"、"毕加索绘画原作展"、"德国表现主义版画展"、"罗丹艺术大展"、"夏加尔艺术大展"、"米罗东方精神艺术大展"、"奥地利国家博物馆藏品展"、"非洲艺术大展"、"俄罗斯油画展"、"达利艺术大展"、"日本富士美术馆藏品展"、"法国印象派绘画珍品展"及以"仲夏法兰西——北京"为主题的中法文化年闭幕系列艺术展等，接待观众数百万人次。中国美术馆已成为向大众实施美育的重要艺术殿堂。

为把中国美术馆建成真正国际水准的国家现代美术博物馆，从2002年5月起，开始对主楼实施改造装修工程，2003年5月竣工。展厅设施、灯光照明、楼宇自控、恒温恒湿、消防报警、安全监控系统都达到了国内领先水平。2003年7月23日适逢建馆40周年之时重新开馆。改造后的新馆运用了现代建筑的新技术，对传统格局加以扩展，为民族建筑文脉增添了新的内涵。重新开馆后引起国内外艺术界的广泛关注，并且反映强烈。

伴随着社会大众十分关心的中国美术馆的新馆建设的扩建工程的即将上马，中国美术馆的各项改革工作也在进行中，继续实施"开门办馆"的策略，组成了中国美术馆顾问委员会、中国美术馆艺术委员会、中国美术馆策展委员会、中国美术馆收藏评鉴委员会、中国美术馆展览资格评审小组等，并得到专家委员们的支持。专家委员会发挥社会各界能量提升了美术馆的学术地位。中国美术馆还将继续加大收藏力度，丰富藏品种类；继续提高策划系列精品展的能力，打造国家美术馆品牌；继续强化公共教育职能，提高美术馆服务社会水平；继续盘活资源优势，开发延伸产业；继续加快建立"数字美术馆"和"流动美术馆"的进程。

2007年6月8日，中国美术馆获得国家文化部颁布的首届文化遗产日奖。

上海博物馆（中国）

上海博物馆是一座大型的中国古代艺术博物馆，馆藏珍贵文物 12 万件，其中尤以青铜器、陶瓷器、书法、绘画为特色。藏品之丰富、质量之精湛，在国内外享有盛誉。上海博物馆创建于 1952 年，原址在南京西路 325 号旧跑马总会。1959 年 10 月迁入河南中路 16 号旧中汇大楼，在此期间，上海博物馆由小到大，在各方面都得到了很大的发展。1952 年上海市政府作出决策，拨出市中心人民广场这一黄金地段，建造新的上海博物馆馆舍。

上海博物馆新馆于 1993 年 8 月开工，1996 年 10 月 12 日全面建成开放。上海博物馆建筑总面积 39200 平方米，地下一层半，地面四层半，建筑高度 29.5 米，象征"天圆地方"的圆顶方体基座构成了新馆不同凡响的视觉效果，整个建筑把传统文化和时代精神巧妙地融为一体，在世界博物馆之林独树一帜。

从远处眺望，整座建筑宛如一尊中国古代的青铜器。上海博物馆的平面布局，分开放区、库房区、学术区、科研区、管理区、设备区等 6 个区域，现开设 12 个专题陈列室，展示的珍贵文物以青铜器、陶瓷器、书画为其特色，此外尚有钱币、玉器、雕塑、查印、少数民族工艺等。上海博物馆陈列面积共计 12000 平方米，一楼为中国古代青铜馆、中国古代雕塑馆和展览大厅；二楼为中国古代陶瓷馆、暂得楼陶瓷馆和展览厅；三楼为中国历代书法馆、中国历代绘画馆、中国

上海博物馆

历代查印馆；四楼为中国古代玉器馆、中国历代钱币馆、中国明清家具馆、中国少数民族工艺馆和展览厅。该馆的"上海博物馆珍藏青铜器展览"、"六千年的中国艺术展览"、"上海博物馆珍藏瓷器展览"、"明清书法展览"、"扬州八怪展览"、"明末文人书斋展览"等曾到香港和日本、美国展出。

上海博物馆以其收藏的大量精美的艺术文物而享誉国内外。其中，又尤以青铜器、陶瓷器和历代书画为特色。上博的青铜器主要是晚清以来江南几位收藏大家的一批流传有绪的名品，如著名的大克鼎等。馆藏的保卣、召卣，也都是著称于史学界和金文学界的重器。上博陶瓷器的收藏集中了江南的大部分精品，史前时代的良渚文化细刻陶器，为稀见之品。原始青瓷的收藏，也是馆藏的特点。唐宋各代表性窑口的产品也都有收藏体系。至于景德镇的彩瓷的收藏，更有独到之处。上博历代书画的收藏，素有江南半壁江山之说。书法中，王献之的《鸭头丸贴》、唐高闲的《千字文卷》、怀素的《苦笋贴》等，皆为一代杰作。绘画中，唐孙位的《高逸图》、五代董源的《夏山图卷》、宋梁楷的《八高僧故事图卷》等都是稀世之珍。至于明清两代画家作品的收藏，更为当代之冠。其他各文物门类的收藏，也蔚为大观，如钱币、古玉、玺印、雕刻等都有一定的规模，且名品众多，自成体系。家具的收藏更是集王世襄、陈梦家两大家之精华于一身。

中国现代文学馆（中国）

　　1981年2月14日巴金先生在为香港《文汇报》写的《创作回忆录》之十一《关于"寒夜"》和《创作回忆录·后记》中最早倡议建立中国现代文学馆。这一倡议于1981年3月12日在《人民日报》正式刊载，立即在国内外引起强烈反响。4月20日，中国作家协会主席团扩大会议讨论通过，决定筹建中国现代文学馆，并报中央批准。1981年

中国现代文学馆

10月13日成立建馆筹备委员会，并于1985年1月5日正式建成。

中国现代文学馆隶属于中国作家协会。巴金、孔罗苏任名誉馆长。冰心、阳翰笙、萧乾为顾问。该馆新馆工程由中国建筑标准设计研究所设计，1999年10月落成，位于北京市朝阳区芍药居小区文学馆路45号，是一座蕴含浓厚文学气息的标志性文学建筑。它是由中国文学泰斗巴金先生、冰心先生等倡建的一组新颖别致的园林式和具有浓郁民族风格的1至3层建筑群，为亚洲规模最大、设施最先进的大型文学博物馆和文学资料研究及交流中心。

该馆占地面积46亩，总建筑面积3万余平方米，包括有文学博物馆、图书馆、档案馆等。馆的外观以红墙蓝瓦为主，墙外的百花浮雕，各显神韵，体现出百花齐放的意境。馆内的玻璃壁画、主厅油画、园林雕像、石头馆徽等都有别致的安排，整个建筑布局构思巧妙，在建筑上把传统的民族风格与现代技术结合起来，显示了建筑美学的新动向。中国现代文学馆以其独特的文化韵味为北京增添了新的风景。

新馆在总体布局中，将中国传统的中轴对称庭院组合和江南园林建筑的造园手法相结合，并融入了一些彩灯、暗流、涌泉和椭圆形社交广场等西式文化，在绿意缭绕的建筑周围有文学大师们的青铜雕像散落其间，使整个建筑组群的平面和空间活泼多变，极富现代感，又有历史的文学气息。屋顶的设计更有独到之处：传统的双坡和四坡攒尖的屋面都不到顶，省去了顶尖部分的无用空间，在顶部开辟了各种形状的采光天棚，大大丰富了室内空间和光影变幻；从外部看，更形成了双屋顶脊或三角形屋脊，再结合传统屋脊鼻子，大大丰富了建筑的外部形象。

在文学馆砖红色的花岗岩石的外墙上，有一圈由品种不一的石雕花卉组成的白色大理石腰线，其取材于郭沫若对100种花的赞美诗，寓意着现代文学百花齐放。

该馆设有四个展厅：

1. "二十世纪大师风采"展。主要展出我国著名文学大师鲁迅、郭沫若、茅盾、巴金、老舍、曹禺、冰心的生活和创作的模拟场景。

2. "中国现当代文学作品"展。主要展出 20 世纪我国现当代文学发展概况及代表作家作品。

3. "作家文库"展。主要展示作家捐赠的藏书及文物。

4. "文学藏书票原作"展。主要展出 53 位中国最著名画家为该馆开馆所画的藏书票。

文学馆共有藏品 38 万件，其中书籍 23 万册、杂志 2100 多种、报纸 142 种、手稿 13824 件、照片 16173 件、书信 11600 件、录音带 360 盘、录像带 442 盘、文物 4380 件。对作家整批捐赠的文学资料，建立了以其姓名命名的文库，已建立的有巴金文库、冰心文库、唐弢文库、张天翼文库、周扬文库、俞平伯文库、丁玲文库、夏衍文库、阿英文库、萧军文库、姚雪垠文库、萧乾文库、张光年文库、刘白羽文库、李辉英文库、林海英文库、卜少夫文库、周仲铮文库等中国内地、港、澳、台及海外华人作家的文库共 81 座，供国内外作家、学者使用。

新疆维吾尔自治区博物馆（中国）

　　新疆维吾尔自治区博物馆位于乌鲁木齐市西北路，是新疆文物收藏和科研中心，是中国省级综合性历史博物馆。1953 年筹备，1963 年 10 月 1 日正式开馆。其外观造型具有维吾尔建筑风格。馆内装饰亦富有民族特色。展厅面积 7800 平方米，共收藏历史文物、民族文物、革命文物等 5 万余件，常设如下展览：1. 新疆少数民族民俗展览。系统介绍

新疆博物馆馆藏文物

新疆 12 个少数民族在服饰、起居、节庆娱乐、婚丧、礼仪、饮食、宗教及其他方面各具风姿的民情风俗。展品丰富，深得国内外人士好评。

2. 新疆历史和出土文物展览。展出了自四五千年前至近代从丝绸之路发掘及收集的一千多件珍贵文物，包括锦娟、陶瓷、泥俑、钱币、碑帖、文书、典籍、兵器、器具等，向人们展示了古代西域的灿烂文化。

3. 新疆古尸展览。有距今 3800 余年的楼兰女尸、距今 3200 余年的哈密女尸和距今 3000 年且末女尸。

该馆藏品 3.2 万件（号），其中一级品 288 件。有丝毛棉麻织物（包括锦、绮、绫、罗、纱、缦、绢、印染、刺绣等大量汉—唐丝织品，毯、毡、绦带、刺绣等古代毛织品）；多种文字（汉文、回鹘文、佉卢文、吐火罗文、梵文、古和田文、吐蕃文、阿拉伯文、粟特文等）书写的文书、简牍；晋—唐时期木雕、泥塑俑像及纸本、绢本人物、花鸟绘画；具有斯基泰文化特征的青铜器；以及新疆各兄弟民族的服饰与工艺品，构成了独具一格的藏品特色。此外，还有部分古生物化石和古尸标本等。

新疆博物馆对外开放的展览有《找回西域昨日辉煌——新疆历史文物陈列》、《新疆民族风情陈列》两个基本陈列和《逝而不朽惊天下——新疆古代干尸展览》、《历史的丰碑——新疆革命史料展览》两个中型展览。

《找回西域昨日辉煌——新疆历史文物陈列》。展出面积 1500 平方米，通过近千件文物、大量的图片，结合沙盘、互动装置等现代化陈列设计手段，较系统地反映了从 2 万年前的旧石器时代到清代的各个历史时期新疆的历史面貌，证明了新疆自古以来就是中国领土不可分割的部分、多民族聚居和多种宗教流行的区域，同时又是古代丝绸之路的枢纽，世界文明的交融荟萃处。

《新疆民族风情陈列》。展出面积 1500 平方米，文物上千件，通过蜡像、民族生活场景复原等陈列设计手段，较全面地展现了维吾尔、哈萨克、回、柯尔克孜、蒙古、锡伯、塔吉克、乌孜别克、达斡尔、满、塔塔尔、俄罗斯等12个兄弟民族绚丽多彩的民族民俗风情，让中华民族文化宝库中绮丽的瑰宝再放异彩。

《逝而不朽惊天下——新疆古代干尸展览》。展出面积700平方米，通过近百余件文物、大量场景复原及蜡像等陈列设计手段，较全面地介绍了生活在新疆的古代先民既有欧罗巴人种，也有蒙古人种，还有二者的混血型。展出的干尸和文物，是研究人类学、民族学、历史学、考古学和医学的珍贵资料。

《历史的丰碑——新疆革命史料展览》。展出面积700平方米，革命文物200多件、图片200多幅，分为新疆抗日民族统一战线的形成、中国人民民主运动的一部分——三区革命、新疆和平解放、亲切的关怀和巨大的支持四部分，重点介绍了中国共产党在不同历史阶段为建设新疆而流血牺牲的史实和我党三代领导人对新疆各项事业发展的亲切关怀和大力支持。

举世闻名的楼兰美女复原图，让世人可以一睹古代罗布泊女子的美丽容貌。英俊的且末男尸的蜡像更是栩栩如生，让人们对古代且末地区的生活以及服饰有了进一步的了解。大唐将军张雄的蜡像，复原了将军生前驰骋战场的潇洒英姿和他的戎马岁月。

展厅陈列中有许多精品的文物，例如《五星出东方利中国》，它是在1995年中日尼雅遗址学术考察队在尼雅遗址中发现的一件锦护臂，被定为国宝级文物。此锦纹样和题材新颖别致，宝蓝、绛红、草绿、明黄和白色等五组色经根据花纹纹样分别显花，织出星纹、云气纹以及孔雀、仙鹤、辟邪、老虎等瑞兽纹，上下每两组循环花纹之间贯穿小篆体"五星出东方利中国"文字。此锦纹结构复杂，工艺精湛，堪称我国汉代织锦中的精华。

展厅展出的古尸更是各具特色。1980年在罗布泊北铁板河墓葬出土的铁板河女尸——楼兰美女，是世界著名的古尸之一。距今3800年，死亡年龄大概在 40～45 岁，身长 1.52 米，生前高约 1.558 米。面色棕褐，尖高鼻梁，眼睛深凹，长长睫毛，下巴尖俏，栗色直发披散于肩，甚至体毛、指甲、皮纹均清楚可见。皮肤呈古铜色，美貌超群，因而有楼兰美女的雅称。她的血型为 O 型，被科学测定为古代欧罗巴人种。

轰动一时的小河墓地出土的文物以及干尸更是让世人叹为观止。展厅展出小河墓地的成年女性干尸身长 158 厘米，皮肤呈灰白色，胸乳下垂明显；头面部保存最好，窄额，宽颧骨，眼窝深凹，依稀可见眼睫毛，鼻梁尖而小巧，嘴紧闭；灰棕色头发自然中分，长至颈肩部；头发表面似用胶状物涂抹过，一缕缕黏结在一起，很难看出她生活在 3800 年前。

被评为 1997 年全国十大考古发现的营盘 15 号墓男尸，出土时放置在彩绘棺木中，棺上盖彩色的狮纹毛毯，墓主人为男性，面罩人面形麻质面具，额部贴饰金箔宽带，眼、眉、胡须用墨线勾勒，口部涂红，表情温和、安详，头枕鸡鸣枕，枕套为对禽对兽兽纹绮，绮上加绣四方连续的蔓草纹样。墓中主人的人兽树纹双面袍，堪称稀世珍宝。精美的服饰和葬具均显示墓主人的特殊身份和地位。

且末地区发现的男尸和女尸不仅皮肤保存完好，毛发俱全。令人惊讶的是，他们的面部做了精美的化妆。此外，他们身穿的深咖啡色的长外套，毛质平纹；足穿长筒软皮靴，彩色毡袜。这种多色彩毡袜的发现，证明在 2800 年前，新疆就存在了擀毡工艺，是畜产品加工的新品种之一。

总之，不同的墓葬形制、葬式、葬俗和各具特色的随葬品，是不同时代、不同部族或民族文化特色的形象反映。新疆各地出土的各类干尸都具有自己的特点，属于不同的人种和部族，代表着不同地区的文化、经济、生活等特点。这些干尸和遗物对研究体质人类学、民族学、考古学以及医学提供了珍贵的实物资料；对普及科学知识，进一步了解新疆古代社会和人类自身进化发展过程，也具有积极的促进作用。

新疆地处亚洲腹地，丝绸之路中段，被称为是世界上唯一一个汇聚古代中原文化、两河流域文化、波斯文化、希腊和罗马文化、美索布达米亚等文化的地方，外加独特的自然条件，使新疆成为文化类型多、文物资源丰富、文物种类多的一块宝地。新疆维吾尔自治区博物馆展出的文物就是这一历史现象的有力见证。

例如：丰富多彩的毛、棉、丝织物是新疆出土文物的一大特色。距今约 3000 年的纺织品色泽艳丽、品种丰富、图案精美，向人们诉说着古代丝绸之路的繁荣，先民们高超的纺织技术。尤其是丝织品，大多来自中原，这也充分证明了当时古代丝绸之路的繁荣景象。

新疆各地出土的各类汉文、龟兹文、焉耆文、回鹘文等各民族文字简牍、文书、信件、经文等重要文物不仅是直接研究中国历史的珍贵资料，对中亚乃至世界民族、文化史的研究也有着不可或缺的意义。

展厅里陈列了新疆各地出土的各类货币，它们造型各异，种类齐全，是丝绸古道经济贸易繁荣景象的见证。陈列中大量精美的绘画、雕塑、青铜器、金银器、玉器等都代表了新疆古代艺术的高度成就。其中有中国最早的纸画"墓主人生活图"、唐代绘画精品——绢画，草原文化的代表——青铜器，还有大量的木俑、泥俑、泥塑、金银饰品等，形象生动，制作精美，令人惊叹。此外，陈列中大量的遗址图片、照片向人们展现了遍布新疆境内的清真寺、石窟寺、古城等，雄伟壮观，别具匠心。辉煌绚丽的新疆古代艺术，也曾对我国中原和世界的舞乐、绘画、石窟艺术等产生过积极的影响。

辽宁省博物馆（中国）

　　辽宁省博物馆是中国省级历史艺术博物馆，位于沈阳市和平区十纬路。辽宁省博物馆的馆址原是东北军阀、热河都统汤玉麟的寓邸。伪满统治时期，1935 年于此成立伪"国立博物馆"，1938 年改为"国立中央博物馆奉天分馆"。国民政府时期为"国立沈阳博物院筹备委员会古物馆"，为中国三大博物院（另两院为故宫博物院、南京博物院）之一。1949 年筹建东北博物馆，7 月 7 日建成开馆，1959 年改名为辽宁省博物馆。该馆藏品有书画、丝绣、铜器、漆器、古地图、货币、甲骨、陶瓷、景泰蓝、雕刻、碑志、家具、服饰、考古、少数民族文物、革命文物、古生物等 5.7 万件，其中一级品 173 件。馆藏资料包括标本、模型、照片、图表、拓片、印刷品等 1.8 万件。藏品的时代，上起旧石器时代，下至近现代。藏品的来源主要有三个方面：一是伪满时期奉天博物馆残存的少量藏品；二是东北解放战争中征集的文物；三是新中国成立后征集品和考古发掘品。

辽宁省博物馆

古代书画藏品中以唐宋元作品为突出特点。如唐摹《王羲之一门书翰》（即《万岁通天帖》）卷、唐周昉《簪花仕女图》卷、欧阳询书《梦奠帖》卷、张旭《古诗四帖》卷、五代董源《夏景山口待渡图》卷、宋徽宗赵佶《瑞鹤图》卷、宋李公麟《白莲社图》卷等。历代丝绣有五代织成《金刚经》卷、北宋缂丝《紫鸾鹊谱》轴、南宋朱克柔缂丝《山茶》及《牡丹》、宋绣《瑶台跨鹤》、元绣《金刚经》册、织成《仪凤图》卷、明顾绣《弥勒佛》等，皆传世之作。陶瓷类中丰富多彩的辽瓷，也是该馆特藏之一。古地图类中明代许论的《九边图》和利玛窦《两仪玄览图》都是海内孤本。

在众多的考古发掘品中，较重要的有喀左马厂沟、北洞、山湾子等地出土的窖藏商周青铜器燕侯盂、蟠龙纹盖罍；朝阳十二台营子春秋墓出土的青铜短剑；北票西官营子十六国时期北燕冯素弗墓出土的龟纽金印、鸭形玻璃注等一批玻璃器、包鎏金铜片木芯马镫；法库叶茂台辽墓出土的白釉剔划花盘口长颈瓶、酱釉鸡冠壶、《竹雀双兔图》轴；《深山棋会图》轴、缂丝金龙纹裘等。

该馆1949年以来先后组织过10多次大型陈列，有《历史文物分类陈列》、《历史文物陈列》、《中国历史艺术陈列》、《中国历史陈列》、《辽宁重要考古发现陈列》等。该馆的基本陈列是《辽宁历史文物专题陈列》，集中了辽宁考古文物的精华，以重点文物专题组合的形式，展现辽河、大凌河流域和黄、渤海沿岸独具特色而又丰富多彩的历史文化面貌；另有石刻陈列和明清瓷专题展长期展出。此外，该馆还经常组织专题性特展和举办各种流动展览。该馆的"明清书法展"、"明清绘画展"、"三彩展"、"中国青铜和陶瓷器展"、"中国辽宁省文物展"等，先后赴德国、日本等地展出。

继承中国古代建筑传统，融汉、满、蒙各族艺术于一体，有很高的历史价值。

沈阳故宫博物馆（中国）

　　沈阳故宫是清代的开创者努尔哈赤和皇太极建造使用的宫殿，始建于 1625 年，其占地面积为 6.7 万平方米，共有建筑 100 余座、500 余间。坐落在沈阳古城中心的沈阳故宫占地 6 万多平方米，宫内建筑物保存完好，是我国仅存的两大宫殿建筑群之一。它的规模比占地 72 万平方米的北京故宫要小得多，但是它在建筑上有自己的特色，是沈阳最重要的游览点。

　　清入关前，其皇宫设在沈阳。迁都北京后，这座皇宫被称作"陪都宫殿"、"留都宫殿"，后来就称之为沈阳故宫。它是清代初年的皇宫，是清代皇帝顺治的祖父努尔哈赤和顺治的父亲皇太极的宫殿。沈阳故宫始建于后金天命十年（1625），历时 11 年，至清崇德元年（1636）基本建成。全部建筑有 90 余所，300 多间，占地 6 万多平方米，是我国现存仅次于北京故宫的最完整的古代帝王宫殿建

沈阳故宫

筑。它在建筑艺术上继承了中国古代建筑传统，融汉、满、蒙各族艺术于一体，有很高历史价值。

它以崇政殿为中心，从大清门到清宁宫为一条中轴线，将故宫分为东、中、西三路。中路为故宫主体，崇政殿（金銮殿）为主体的核心，是皇太极处理朝政之所，配以飞龙阁、翔凤阁、师善斋、协中斋、日华楼，后面有凤凰楼、清宁宫，还有皇帝妃嫔寝居的东西配宫，以及颐和殿、介祉宫、敬典阁、迪光殿、保极宫等。

东路建筑以大政殿为中心，辅以左右翼王亭、八旗亭。这是清王朝入关前，八旗建制的象征，是早期八旗兵制在宫殿建筑中唯一的历史古迹。大政殿是用来举行大典，如颁布诏书，宣布军队出征，迎接将士凯旋和皇帝即位等的地方。十王亭则是左右翼王和八旗大臣办事的地方。这种君臣合署办事于宫迁的现象，在历史上是少见的。从建筑上看，大政殿也是一个亭子，不过它的体量较大，装饰比较华丽，因此称为宫殿。大政殿和成八字形排开的十座亭子，其建筑格局乃脱胎于少数民族的帐殿。这十一座亭子，就是十一座帐篷的化身。帐篷是可以流动、迁移的，而亭子就固定起来了。这也显示了少数民族文化的一个发展。

西部建筑以文溯阁为中心，配以仰熙斋、嘉荫堂等，是贮藏《四库全书》和皇帝读书的地方。《四库全书》为乾隆时撰修，历时10载；共誊写7部，以文溯阁所藏的最为完整。

新中国成立后将故宫辟为沈阳故宫博物馆，人们来这里还可以在清代历史文物展览馆和工艺品展览馆中欣赏到我国古代劳动人民所造的琳琅满目的文物。沈阳都城的建者是努尔哈赤。他在关外先后建了三个都城，最后才确定沈阳，理由是地形取胜，又便于攻打明朝。沈阳故宫博物馆所陈列的多半是旧皇宫遗留下来的宫廷文物，如努尔哈赤用过的剑，皇太极用过的腰刀和鹿角椅等。沈阳故宫博物馆陈列的艺术品也很丰富。在绘画陈列室里，有明、清两代一些大师的作品，如清李鳟、金农、书画精品、陶瓷、雕刻、织乡、漆器等工艺品也不少。

香港历史博物馆（中国）

香港历史博物馆于 1975 年创立，但馆中部分藏品来自 1962 年成立的大会堂博物美术馆。博物馆于 1998 年迁往位于尖沙咀漆咸道南的现址。香港历史博物馆的外形、色调与毗邻的科学馆互相协调，形成一个博物馆组合。

香港历史博物馆位于九龙公园内，展出香港的出土文物、历史图片、图画和地图等，并定时举办文化活动和展出一些有关香港历史或各国珍贵的历史文物。馆内的"香港故事"展览，占地 7000 平方米，介绍香港历史发展。

该馆以香港自然历史和人文历史为基本陈列，重点展示了香港 6000 年的发展历程。陈列分三部分：（1）介绍香港的自然环境；（2）以出土文物、古代石刻及古窑址等实物反映了香港地区的人类活动；（3）展示了香港从一个小渔村发展为大都市的过程。该馆藏品分为考古、本地史、民俗史及自然历史四大类。考古类藏品中；有著名的麦兆汉神父藏品及芬戴礼神父藏品，本地史藏品中以历史图片为主，最早的图片为 19 世纪 60 年代所摄；民俗史藏品中，有中国传统的渔船模型、捕鱼装备、传统农具及日用器具；自然历史藏品主要是世界各地的岩石和矿物，以及香港常见的蝴蝶及软体动物贝壳。

香港历史博物馆的功能是通过购藏、修复和研究馆藏文物，以保存香港的文化遗产。此外，博物馆亦通过馆藏、展览和教育及推广活动，

香港历史博物馆

提高市民对香港历史的发展及其独特文化遗产的认识和兴趣。

　　博物馆收藏数量逾 9 万件。博物馆的藏品，除直接添购外，亦通过捐赠或实地考察采集得来，其中捐赠物品的数量正不断增加。

　　1. 自然历史藏品

　　自然历史藏品记录了香港的地质及自然生态的发展历史和演变。博物馆的自然历史藏品主要包括岩石和矿物标本、贝壳及动物标本三大类。博物馆已收藏约 2800 件香港岩石和矿物标本，以及超过 750 件在香港水域内找到的贝壳。馆藏的动物标本超过 1600 件，包括哺乳类动物、鸟类及蝴蝶。

　　2. 考古文物藏品

　　馆藏的考古文物主要由四批藏品组成，分别是麦兆良神父在广东海丰地区发现的文物、芬戴礼神父在南丫岛发掘的文物、李郑屋汉墓出土的 58 件东汉时期陪葬品，以及 1976 年以前香港考古学会在本港境内发掘出土的文物。这些考古藏品记录过去 6000 年来香港地区的人类活动，是研究香港古代史的重要材料。

3. 民俗藏品

博物馆建立了一个能反映本港不同族群传统生活习尚的藏品，包括农具、家具、农村及渔民日用器具、捕鱼装备、渔船模型等，有助于阐明及了解农民及渔民的生活方式，以及传统农业耕作方法与渔业状况。同时，馆藏的服饰已达 5500 多件，年代从晚清至 1970 年，属于不同族群、年龄，以及社会阶层人士穿着的服装及饰物。从这些文物可探知各族群的地理环境、历史发展、价值观念、神话传说、宗教信仰及风俗习惯等，有助研究本港族群的历史文化。

在搜集有关传统行业及生活用品上，博物馆已收藏 850 多件木偶戏用品及乐器、1500 多件婚嫁及祭祀用品、各类传统行业用具及文献。这些丰富的民俗藏品皆有助于研究香港传统节庆、信仰习俗及民间工艺的发展。

4. 本地史藏品

博物馆的本地史藏品总数超过 70000 件，其中的历史图片和旧明信片是研究香港历史的珍贵资料，因为它们能够如实反映早期香港的生活面貌。馆藏的 14000 余帧历史图片，主要为二次大战以前香港街景及民生景象，而最早的图片可追溯至 1860 年。另外，博物馆亦收藏约 19000 件历史文献，包括账簿、证件、商业及政府信札和教科书等，有助于研究香港社会、经济及教育等方面的发展。

博物馆亦致力搜集本港邮品，馆藏约 4000 件邮品，有助于研究香港邮务发展史。同时，馆藏约 5500 件的钱币及钞票大多为香港历年来使用的货币，但亦涵盖广东及澳门等地的货币，借以勾寻香港与邻近地区经济发展的脉络。此外，博物馆还搜藏不少工业产品、商业用品、家具、孙中山先生本人及其家族的文物，而前港英政府各部门器物更是博物馆在九七回归时积极搜集回来的藏品。

周口店遗址博物馆（中国）

　　周口店遗址博物馆坐落在北京城西南房山区周口店龙骨山脚下，是一座古人类遗址博物馆，始建于 1953 年。1929 年，我国古人类学家斐文中先生在龙骨山发掘出第一颗完整的"北京猿人"头盖骨化石，震撼了全世界。1936 年，贾兰坡先生又在这里发现了 3 个"山顶洞人"头盖骨化石。20 世纪 60 年代末，这里又发现了距今 10 万年的"新洞人"

遗址。这一系列重要发现，为研究人类的起源问题提供了重要依据。周口店遗址被国务院列为全国重点文物保护单位，被联合国教科文组织列为"世界文化遗产"。

　　第一展厅展示了北京猿人头盖骨化石模型、古人类用火遗迹以及粗糙简陋的石制砍砸、切割、乱削和雕刻工具。

　　第二展厅以复原模型展示了北京猿人居住的洞

周口店遗址博物馆

穴以及他们的生活场所。

第三展厅主要介绍龙骨山上发现的20余处脊椎动物化石遗址和古人类活动过的遗址分布点，以及一件18000年前山顶洞人的遗物——串青贝壳、兽牙、小石头制成的古老的项链。

第四展厅陈列着我国和世界各地发现的各个时期的古人类化石、旧石器，以及旧石器时代晚期人类的绘画、雕刻等艺术品。

周口店遗址常年开放，还有北京人遗址（即猿人洞）、山顶洞人遗址（即山顶洞）、新洞人遗址以及距今500万年以来的鱼类、鸟类及兽类化石地点20余处。

周口店遗址博物馆自然环境优美，遗址内长年绿树成荫，花草吐芳，野生动植物数量繁多。1986年，周口店遗址入选"新北京十六景"之列。1987年，经文化部和国家文物局推荐，联合国教科文组织将周口店遗址列入世界文化遗产清单，成为中华人民共和国第一批列入该名单的五家单位之一。1992年，北京市政府授予周口店遗址"北京市青少年教育基地"称号；同年6月，周口店遗址以"保存最丰富的古人类遗址"入选"北京旅游世界之最"。1997年，周口店遗址博物馆被中宣部列为"全国百家爱国主义示范教育基地"。周口店遗址博物馆是一不可多得的集休闲和学习参观于一体的郊外综合性旅游场所。

印度国立博物馆 *(印度)*

　　印度国立博物馆包括两座著名的博物馆，它们是加尔各答国立博物馆和新德里国立博物馆。加尔各答国立博物馆有悠久的历史、古老的传统，新德里国立博物馆则以其现代化的建筑与设备而著称，两者相得益彰，向世界人民展示了亚洲文明古国的历史、文化与传统。在这里，我们可以了解早期印度文明的兴衰交替，可以感受到佛教的巨大内蕴力以

印度国立博物馆

及印度教的持久生命力，同时也可以深刻地理解植根于古老文明沃土之上的当今印度的发展。加尔各答国立博物馆是亚洲历史上最悠久的博物馆，它的兴建是英国人之举。印度莫卧儿王国自1707年奥琅则布死后开始瓦解，在这种情况下，英国人乘虚进入印度。到18世纪，英法两国排挤葡萄牙人，成为印度的主要掠夺者。通过1756～1763年的七年战争，英国排挤了法国在印度的统治，到1773年，英国凭借其强大的财力和武力，独霸了对印度的统治，把印度沦为它的殖民地。1774年，为了研究亚洲的自然风土和艺术、历史、考古等，配合英国侵略亚洲的需要，深谙印度文化的英国高等推事威廉·尤斯在加尔各答创立了"孟加拉亚洲学会"。在不断的调查过程中，他们搜集到很多有关亚洲、印度的文物资料，随着这些物品的不断增加，设馆储藏成为必要。1814年，为方便"孟加拉亚洲学会"会员的各种收藏品的收藏，亚洲学会便成立了一所以"收容一切有助于了解东方民间习俗与历史，足以阐明东方自然风土与艺术特性的作品"为目的机构，这便是加尔各答国立博物馆的前身。1876年，英国政府将此馆交给当地政府接管，这时的博物馆已经初具规模。以后，此博物馆藏品不断丰富，馆址也不断扩建，终于发展成现在的规模。虽然，加尔各答博物馆已历2个多世纪之久，如今它依然活力未衰，引世人瞩目。

　　加尔各答国立博物馆为一座典型的英国式宏伟建筑，坐落在繁华的加尔各答大街上，与繁华的闹市相映成趣。它给人们提供了一个优雅、安逸的场所，人们可以在此修养身心，接受古代优良文化的熏陶。加尔各答国立博物馆外表庄严，馆内庭院花草茂密，四季飘香。馆内分艺术、自然史、民俗及人类学等部门，各种收藏物品数量丰富、珍贵。其中，最珍贵的要数以神像为主的雕刻、绘画艺术品。这里有阿育王时期的石柱柱头狮子，公元前的男女神像以及如意树等珍贵文物、英国爵士康宁汉发掘的著名的巴尔户得的栏楯也陈列其中。这里还展示有印度西北部犍陀罗佛像雕刻艺术以及后起的具有印度本土风格的马朱拉神像雕

刻；除佛教雕刻外，还有许多耆那教与印度教的艺术品。同时，加尔各答博物馆中收藏的古代钱币，色彩缤纷的染织品以及莫卧儿时期的纤细画等都相当珍贵。

新德里国立博物馆是一座现代化的博物馆，它于 1949 年 8 月成立，1960 年 12 月建成新馆，位于贯穿新德里的王家大道中央南侧，并附有一分馆——亚洲古物博物馆。经过工作人员和国家机构的共同努力，其藏品不断丰富，很多稀世杰作珍藏其中，成为世界的著名博物馆之一。新德里国立博物馆是一座三层楼建筑，雄伟挺拔，主要储存和展示印度史前时代的遗物，佛教与印度教艺术品以及染织品和大量古钱币。其中，斯坦因从中国窃去的许多文物展示于分馆内。进入博物馆，你可以看到古代印度摩亨·佐达罗和巴哈拉遗址上的遗物，你可以欣赏到大量的佛教及印度教雕刻艺术，那些印度教雕刻生动活泼、充满活力，与其他神像雕刻的庄重严肃形成不同格调，你还可以欣赏到阿姜塔石窟的大量临摹壁画。此外，新德里博物馆还陈列有中国、尼泊尔等其他亚洲国家的物品。

在印度国立博物馆中藏有较多的中国敦煌文物，这些文物主要得于英国考古学家斯坦因的收藏。斯坦因的中国之行，不但盗去大量敦煌文物，而且还发掘了中国古城米兰、楼兰、吐鲁番等遗址，发现了不少文物。在古城米兰挖掘出几座佛教寺庙遗址，并发现了色彩艳丽的壁画。在印度国立博物馆中有《佛佗与比丘》、《扛抬大花轿的童子》等壁画。这些壁画有相当高的考古价值，从壁画图像来看，里面有印度艺术的影响，有中国思想的融汇，也有某些希腊艺术风格的特征；这些壁画充分表明了当时中西文化交流的发达，这些壁画作品是中西文化交流的结晶。在博物馆中，还有出土自吐鲁番的精美绢画和帛画，这些画的大多数内容是描写中国远古神话和信仰，最有名的两幅为《伏羲与女娲》、《死后的飨宴》。《伏羲与女娲》描写传说中中国祖先的情况，在这幅绢画中，伏羲和女娲下半身被描写为蛇身，并紧密地缠绕在一起，似在象征生育万物大地；上半身描绘成典型的中国传统形象，两人双臂合一，伏羲左手扬起曲尺，女娲右臂举起圆规，周围有日月星辰环绕，这寓示着他们在冥冥之中创造养育万物，并掌握着人们生活的秩序和途径。《死后的飨宴》主要描写死者来世生活的理想场景，体现了古代的灵魂不死、轮回转世的思想。

　　印度国立博物馆中储藏的中国文物，最珍贵的也是敦煌文物。这里藏有大量中唐到五代、宋初的绘画作品，内容涉及佛陀像，佛传以及诸天部立像。如《菩萨立像》，作品线条流畅、清晰，色彩鲜明，菩萨面容秀丽、慈祥、典雅，头上有象征法力的光环，衣着华丽、衣褶流畅飘逸，如行云流水，超脱尘世；《药师净土图》则充分发挥想象力，以亭台楼阁的装饰表现出宏阔的仙境气势。还有几幅佛传图也相当有艺术性，除描绘佛陀自幼到涅槃的经过外，更主要的是其描绘的艺术风格鲜明，每幅画中都配以仙境般的山水景物，情景交融，颇具宋代山水画的意境。这些绘画作品无论对研究中国佛教艺术还是研究中国绘画都有极为重要的意义。

日本国立民族学博物馆（日本）

　　日本的国立民族学博物馆创立于 1977 年 11 月，虽然它的历史很短，但它以丰富的藏品著名于世，并且利用现代高度发达的科学技术，给古老的文化注入新鲜的血液，是世界民族文化巨大的展示窗口。这个博物馆主要展示的是反映世界各地文化人类学的物品，它收集了 5 万余件反映世界各民族在劳动、文化、生活等方面的文物和标本，向人们展示一幅幅生动的民族画卷。建立在日本大阪近郊万国博物会纪念公园里的这座博物馆，占地总面积 4 万多平方米。馆舍是一幢钢筋混凝土结构的 4 层建筑，建筑面积 1 万多平方米。一层是正门大厅、餐厅、机械室、库房；二层是陈列厅、讲演室、语音练习室、办公室；三层是电子计算机室、图书室、资料室；四层是情报分析实验室，影像实验室，动物、植物、矿物标本实验室。

　　该馆在 5700 多平方米的展览面积中，展出展品约 7000 件，主要参观路线 1500 米。它的陈列，就是一部用实物组成的世界范围内各民族生产生活方式的百科全书。在这里，它用以传播信息的，不仅是各民族的文物，还有各民族的音和像。它设有最现代化的图像、音响自动输出装置，建有 37 个录像室、3 个音响室；有供使用的录像带 1715 套，语音磁带 30 种，民族音乐磁带 151 种。观众可以根据荧光屏指示的文件及资料号码，按动电子计算机上相应的电钮，在荧光屏上马上就可以显示出图像，从音响设备中听到想听的声音。

这个馆共分 9 个展厅。观众从大洋洲室开始，顺序参观美洲、欧洲、非洲、西亚、东南亚、中北东亚各展厅。中间还参观音乐和语言两个展厅。这个参观路线，巧妙地安排了观众从大洋洲开始向东绕地球一周，最终到达日本。这种独具匠心的设计，好像让观众作了一次环球旅行，从而激起观众的激情。

　　在参观中，观众可以看到许多珍奇的民族文物。如：大洋洲展厅，面积 627 平方米，展出了原始居民利用贝壳、鱼骨等作为原料磨制成精巧的鱼钩和针，靠榫头制作的木帆船，用椰子壳制成的器具，用植物茎、叶、皮制成的弓箭和盾牌。非洲厅，面积 536 平方米，观众可以在这里看到大量具有浓厚民族特色的精美工艺品。欧洲厅，面积 212 平方米，可以看到法国最早酿酒使用的榨葡萄器。美洲厅，面积 290 平方米，可以看到智利复活节岛上的巨大石头人像。南太平洋雅浦岛上闻名于世的一块直径达 5 米的石币，也陈列在这个闻名的博物馆里。

　　语言厅，面积 411 平方米，是一个很能使人增长见识的展厅。它用"文字"和"语言"两个部分分别作介绍。"文字"部分，可以使观众了解世界上有多少种和有哪些文字，它们之间的相互联系又是如何。这里展出有各民族的象形文字、楔形文字，也展出了中国古代各种汉字。"语言"部分，主要介绍声学和语法，将世界上 22 种主要语族对某些语句的表现方法进行排比；同时观众可以按动电钮，选择想听的任何一种民族的语言。

　　祈祷与祭祀室中，展示了大量的寿神仪式用品、面具、神像、神龛等，不仅表现了日本人祈祷与祭祀的风俗与仪式，还使我们对世界各地的宗教仪式有所了解。

　　在乐器展示室里，陈列有来自世界各地的民族乐器，形成一种世界民族文化的"大合唱"。在远古时代，音乐和人类日常生活交融在一起，以至成为人们生活不可缺少的一部分，成为人类精神、民族性格的完美体现，因而研究各民族音乐和乐器具有极为重要的意义。

　　日本国立民族学博物馆中还有一室专门陈列各民族遗留的日常生活用品。在古代生活中，基本的生活用品代表了他们的文明程度和民族特征，通过这些普通的生活用品，我们可以复原古代民族的生活场景。另外，在此室中，还展示有各民族的服饰。在古代，服饰不仅是取暖的一种用品，也闪烁着一种文化精神，有着多种功能，也可以作为一种身份的标志。

　　日本国立民族学博物馆是近年来所建立的对世界博物馆界有影响的一个重要博物馆。

明治村（日本）

日本的明治村是展示明治时期建筑的博物馆。它坐落于名古屋市郊入鹿池畔，是一个占地约 100 万平方米的大规模户外博物馆。明治时期（1868～1912）是日本历史上的重要时期，明治维新在日本历史上具有划时代的意义。他们在维持其政治准则的基础上，向西方学习先进技术，由于受西方的影响，形成了中西交融的文化特色。这种特征表现在建筑上，一向偏重东方风格的日本建筑界开始适度接受西洋建筑技法，因此保留这一时代的建筑具有十分重要的意义。1962 年日本特别成立财团法人，投巨资保存这些重要的文化遗产，1965 年正式辟为博物馆"明治村"。

这一博物馆主要展示各种房屋建筑。明治村的入口是明治四十二年建造的第八高等学校的正门，村内有不少与学校有关的建筑物，如三重县寻常师范学校、藏持中学、大阪府的千早赤阪小学礼堂，属于旧制高等学校的物理化学教室等，都是明治年间的建筑物。明治村中有官厅房舍，例如日本明治初期的最早西式建筑三重县官厅房舍（建于明治十二年），其内部还被用来作为明治文化资料及其他资料的展示会场，这种官厅房舍吸收了西方的建筑风格，形成一种欧化的式样，明治村中的西乡从道宅邸也是西式建筑。警察机构也受此影响而形成一种新式风格，如美丽的红砖造京都七条派出所。各地教堂的纷纷建立，更促使欧化风格的流行。随着电话的使用，各地的电话交换局也体现了这种西化风格，例如札幌的电话交换局、伊势市的宇治山田邮电局都是当时建筑的代表。其他如东京红十字会中央医院、长野县木曾和洋折中式清水医院、安田银行会津支店等都是当时明治建筑风格的代表。

这里还有私人住宅，如森鸥外及夏目濑石的住宅等。当年的戏院、电车等也都保持原样。到目前为止，村内共展示57幢建筑物，各种资料达14000余件，是一座相当重要的户外历史博物馆，颇具代表性。

日本明治村

韩国民俗村（韩国）

　　随着社会的工业化、现代化，人们居住在雷同的住宅或公寓内，都在类似的超级市场购物，使用同样的汽车、火车、飞机等现代化的交通工具，但是传统文化的影响还留在人们的心灵深处，人们仍依恋与怀念昔日的传统，于是在世界一些地区出现了一些仿古、仿旧的民俗村。

　　韩国自 20 世纪 60 年代开始，现代工业迅速发展，社会生活急剧变化。人们的生活方式日益西方化，衣着形式、饮食习惯和建筑风格日趋欧化。在这种情况下，他们建立了一座民俗村，设法在这里保留一些行将在韩国各地绝迹的传统饮食起居、穿着装束、建筑风格与工艺制作，乃至文化娱乐与民间习俗等等。

　　韩国民俗村建于汉城以南 40 千米处的水原市，1974 年 10 月向公众开放。村内树木成荫，河流蜿蜒。村内房屋按六种传统的类型建造：南部型、北部型、中部型、山区型、海岛型、都市型。村内有高级官员、地主财东的宅居，有平民百姓的一般居屋，也有贫困农家的茅屋；还有一座佛教庙宇、一间地方政府办公室、两所乡村学校；另有生产韩国传统米酒的酿酒厂与生产传统糖果的作坊。在这里的市场上可以买到传统工艺品、食物与米酒。在市场上还可能遇到一位算命先生，可以请他算个命、卜个卦。

　　村内展品大约有 3 万件。19 世纪时人们使用的家具、厨房器皿、工具、农具以及服饰等都有展示，也展示了一些有关韩国民俗与宗教的文献资料。在村的中央建有露天舞台，这里定期演出民间传统音乐、戏曲与舞蹈；逢年过节时举办民间传统形式的体育比赛，如摔跤、跷跷板、放风筝等。寺庙内也不时举行宗教仪式。节假日在村内举办可供参观的传统婚礼仪式。村内还分别为儿童与成人备有不同的游乐设施。

　　总之，这座民俗村为人们展示了韩国人民昔日的传统生活方式。建立该村的宗旨就是调查、收集和研究韩民族的传统生活方式的实物资料，向参观者展示韩民族传统文化风貌，也为研究韩文化提供一个场所，同时也是向青少年进行传统教育的一个课堂。

新加坡历史博物馆（新加坡）

　　新加坡历史博物馆建筑物的前身是国家博物院。国家博物院成立于 1887 年 10 月 12 日，那时的国家博物院称为莱佛士博物院，莱佛士图书馆也同在一个屋檐下：楼下是图书馆，楼上是博物院。直到 1960 年博物院和图书馆才正式"分家"。而到了 1969 年，莱佛士博物院才改名为国家博物院。

　　初期，博物院主要以人类学、自然考古、动植物为收藏、展览及研究为重点。到了 1972 年，博物院移走所有自然科学方面的收藏，展览重点由原来的自然科学转向社会科学、建国历史和美术展览。1976 年画廊开幕后，便成为本地美术家举行展览会的重要场所。自然科学方面的收藏则交由新加坡科学馆和新加坡国立大学保管。

　　到了 1993 年，国家博物院归国家文物局管辖，国家博物院也一分为三，即新加坡美术馆、亚洲文明博物馆和新加坡历史博物馆。

　　历史博物馆分两阶段进行翻修。增加一座行政楼，把面积增加一倍，达到 4000 平方米，并设立 8 个永久性展览厅、一个临时展览厅、一个咖啡座、一间纪念品店，在前后建筑物之间辟有盖的阳光庭院，保留儿童探索乐园，增设课室和视听室等设备。

　　8 个展览厅全面介绍从十二三世纪的淡马锡到 20 世纪八九十年代新加坡的文化、社会、政治、经济的发展历程。

　　第一展览厅为新加坡缩影。这是原有展览厅的延续，不过展览内容

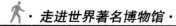

有所提升和扩充，年代也从 1965 延长到八九十年代，突出建国时期的历史。

第二展览厅的重点为 1819 年以前的新加坡，介绍从淡马锡到新加坡王国的历史，有关考古发掘和当时海人的生活。

第三展览厅重点介绍从 1819 年到 1942 年殖民地时代的新加坡。内容分三大部分：殖民地政府的建设，政策和官员；多元化社会的形成及早年的生活面貌；经济的特点，介绍转口贸易发达的原因及各种族先驱人物。

第四展览厅是日治时期展览厅，重点介绍日治时期的生活，包括大检证、物资条件和经济情况，以及战后初期，从 1945 年到 1948 的社会经济情况，以别于圣淘沙的蜡像馆和樟宜监狱的展览内容。

第五展览厅介绍新加坡人民为独立而斗争的经过。内容包括战后民族运动的兴起、马绍尔时代、林有福时代，以及 50 年代的福利工潮、学生罢课、自治和新马合并。

第六展览厅为建国之路展览厅，介绍新加坡独立初期国防、政治、经济、外交等方面的建设，以及城市的发展、环境的变迁。

第七展览厅介绍的是新加坡的经济发展，包括从转口贸易到工业化的过程、工业化政策的转变，以及金融中心的发展演变。

第八展览厅为国民意识及国家文化展览厅，介绍中西文化的冲击、融合，到国民意识及国家文化的演变，让公众反思自身的前途和文化方向。

伊拉克国家博物馆（伊拉克）

伊拉克国家博物馆位于巴格达库尔哈区，始建于20世纪20年代，是伊拉克最早建立的、藏品最丰富的博物馆，被联合国教科文组织列为世界第11大博物馆。

博物馆共有28个展厅，曾收藏了1950年以来幼发拉底河与底格里斯河流域（简称"两河流域"）出土的大量文物，包括远古时期曾在两河流域生息过的各民族、各个时代的珍贵文物，展现了不同民族创造的既一脉相承、又各具特色的灿烂文化。

博物馆内的图书馆还曾收藏近6000种手稿和约7万册各种文字的书籍，是研究两河流域文明不可缺少的文化宝藏，其中公元前4000年苏美尔时期用楔形文字刻在胶泥版上的文献和史诗更是绝世的珍宝。

伊拉克十分重视文物保护，在20世纪20年代颁布了《文物法》，对非法挖掘与偷盗、走私文物有严厉的法律规定。1990年以前，伊拉克文物部管理着所有的文化遗址和文物，全国没有发现任何非法的考古挖掘和文物走私活动。

然而，战争改变了伊拉克国家博物馆的命运。1990年海湾危机期间，伊政府为保护馆内文物，曾转移了一些最精美的珍宝、雕像、陶器等宝贵工艺品。此后该博物馆关闭达8年之久。

海湾战争期间和战后，该博物馆及其他一些考古场所曾遭抢劫，

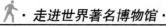

2264件文物和考古发现品以及2万份珍贵手稿，其中包括公元前2000年亚述时代的雪花石雕像流失。此外，由于联合国的长期制裁，伊经济长期处于停滞状态，博物馆不仅疏于管理，而且一些不法分子为牟取暴利，偷盗和走私活动嚣张，致使博物馆文物遭到严重破坏，大量珍贵文物流失国外。

伊拉克战争的爆发使伊国家博物馆再遭劫难。尽管战前曾把数千件展品转移，但在2003年4月9日美英联军攻占巴格达后，博物馆再遭洗劫，丢失1.4万件珍贵文物，至今追回来的不到4000件。

泰国人像博物馆（泰国）

　　泰国人像博物馆位于曼谷以西 31 千米处，创建于 1989 年，虽然建馆时间不长，但早已闻名遐迩，参观者很多。博物馆里陈列着几十个真人大小的塑像，其中有泰国一世王到八世王在王宫"聚会"的场面，有泰国几位著名高僧坐禅的不同神态，也有平民百姓日常生活的片断场景。这些人物塑像在灯光和景物的烘托陪衬下，个个活灵活现，栩栩如生，惟妙惟肖。有的平民像有意不设栏杆和高台，使游览者和人像混在一起，达到以假乱真的目的。有人曾经闹出笑话，居然责怪那位埋头伏案写字的"女秘书"不搭理观众的问询；也有的棋迷观众埋怨两位"对弈者"举棋不定，优柔寡断；在走廊上的长椅中有一胖一瘦两个"游人"靠椅酣睡，很不"雅观"，观众们见之先是惊讶，继而则是忍俊不禁。艺术的魅力之大令人赞叹不已。博物馆在开馆后第二年，即 1990 年春节前夕，举行了简单而庄重的孔子塑像揭幕仪式。孔子塑像陈列在一楼大厅里，白发长须，神采奕奕，目视前方，魁梧高大；身穿金边绿袍，脚踏紫色靴子，双手在胸前微握；宽阔的前额，炯炯的目光，慈祥的面孔，表现出孔子渊博的知识和非凡的智慧与才能。这尊塑像以壮观美丽的山川瀑布和古松为背景，正面配有 8 张孔子生平事迹幻灯画，四周有大幅语录条幅，加上声光的烘托，使孔子的形象显得更加突出。孔子塑像是端乔·迈蒂益功教授的艺术组花了一年的时

间创作完成的，塑像的身材和服饰是根据中国作家协会提供的大量文史资料而进行精心计算和设计的。泰国人认为，孔子是中国古代伟人，也是世界文化名人，宣传孔子思想对教育泰国青少年很有教益。所以，孔子塑像是泰国人像博物馆里第一位世界名人的作品，后来又陆续增添了甘地、孙中山等人的塑像。博物馆里的艺术作品是泰国著名艺术家端乔·迈蒂益功教授及其艺术组花了10年心血创作的，陈列的人像全部用玻璃纤维制成，皮肤柔润而且有弹性。无论肤色、毛孔乃至皮肤上的疤痕，都酷似真人实物。眼睛更是传神，眼眶中的汪汪泪水，晶莹闪烁，形象逼真，每一座人像都反映出不同人物的举止神态。这种玻璃纤维塑造的人像，不仅生动逼真，而且比蜡像耐热、耐久、防灰尘，更适合泰国的气候。人像博物馆是文化艺术与科学技术结合的产物，成为泰国人民欣赏艺术、增长知识、接受教育的好去处。

泰国国家博物馆（泰国）

　　著名的泰国国家博物馆，坐落在首都曼谷城附近的湄南河一条支流上。这个博物馆实际上展出的是泰国帝后乘坐的龙凤舟船坞，所以吸引着来自世界各国的游客。博物馆濒临清波荡漾的河流，像浮在水上的一座宫殿，有水渠通入湄南河水网，游览的人乘船到博物馆，离船后有一条长桥通入博物馆内。

　　这座水上宫殿是一个巨大的船坞，停放着一艘艘金光闪烁的龙凤舟。龙凤舟上贴着金箔，镶嵌着珠宝翡翠，既珍贵又富丽堂皇。其中有一艘凤舟是供国王和王后出巡时乘坐的，凤头高高翘起，嘴上叼着一绺璎珞，姿态端丽，神情温柔。龙凤舟中部设有高出的御座，前舱和后舱里都有水手划桨和掌舵的长排座舱。博物馆里除陈列龙凤舟以外，也有其它各种船只，有的是大臣们和武士们随国王、王后出巡时乘坐的。这些船只也都装饰得金碧辉煌，其中有一艘船还颇具佛教色彩，除贴金镶宝以外，船头上雕有一尊鸟身、人首、鹰爪的塑像，非常引人注目。

　　在曼谷王朝建立200周年纪念盛典的时候，曼谷王朝第九世王和王后以及他们的公主们都乘坐在龙凤舟上，前后左右的护卫和跟随是50艘庞大的船队。当时湄南河水上、水底同时映现金光闪闪的船身，气势雄伟，蔚为壮观。在博物馆的后部，停放着一艘与前面的龙凤舟形成鲜明对照的破烂不堪的船，虽然船身上已经黯然无光，但是从它那镶嵌着金珠翠玉的饰物上，人们仍可以看出它当年曾金碧辉煌的神采。这是一只随行出巡的彩船，是当年在湄南河上被日本飞机炸毁的，被拦腰切成两截，船身上面还有很多弹痕清晰可见。这只船放在博物馆的一角，为的是让人们永远记住战争给国家和人民带来的灾难。

在博物馆前长桥侧面的河水中，建有一个小巧玲珑的佛龛，佛龛里小小的佛像两旁各摆着一个泥塑小象，佛龛上挂着一串串礼佛的花串。在泰国，到处都有大小不等的佛龛，并供着鲜果，挂着花串，这是佛国人民虔诚的一种表现。博物馆里的龙凤舟和各种船只是泰国引以骄傲和自豪的国宝，来自世界各国的游客，在这里可以欣赏到东方的文明和精湛的艺术。

叙利亚国立博物馆（叙利亚）

　　叙利亚位于欧、亚、非三洲的交汇点，很多文明在这里汇集，形成一个具有综合特色的文明。可以说，叙利亚本身便是一个五彩缤纷的博物馆。

　　叙利亚国立博物馆是颇具特色的博物馆。最大的特点是注重露天展示，突破了传统博物馆的展示厅、橱窗形式。博物馆大部分空间皆为广场，只有一小部分建立了一个小型的半圆形展示馆。广场中有喷泉、树木，并且在规划过的道路两旁配置希腊化等时期的各种石雕、石棺以及罗马时代设在道路上的标石。这种陈列方式，一方面适合叙利亚干燥的气候，即使露天展示也不会使文物遭到破坏。另外，这种展示也代表了一种新的建馆方向。

　　博物馆的第一部分主要展示叙利亚古代都城的物品。叙利亚人原是闪族人的一支阿靡利人，过着游牧生活，在苏美尔文明的影响下，逐渐在幼发拉底河中游定居下来，并在公元前3000～前2000年建立了闪族最早的城邦国家马利城邦和埃布拉城邦，曾辉煌一时。博物馆第一室中主要展示这两个城邦国家的文化遗产。马利城邦遗迹以宫殿为中心，有大大小小许多房间。在此地发掘出土了不少雕像，有青铜的，有铁制的，也有石制的。博物馆中展示的这些雕像的雕刻水平已经相当高超，其中有一尊青铜"女神立像"相当生动诱人，成功地突出了女性的美丽，是一件不可多得的艺术佳品。在埃布拉王宫遗址发掘出大量的文书，内容涉及敕令、国际条约、商业书信以及类似辞典的文书等。这些为研究西亚史提供了宝贵的资料。博物馆中陈列了从这两个王宫遗址出土的大量陶器、饰物，以及部分壁画，从中可以了解到当时人们的生活状况。

第二部分主要介绍叙利亚与周围各地交流的情况，主要以乌加利特城邦遗迹为主。乌加利特位于地中海文化与苏美尔、阿卡德文化的交叉点上。因而，这里反映了多种文化风格合融的特色。博物馆中的藏品生动地反映了这一特点。博物馆中有一件"扛壶的黑人"，这是一件雪花石膏的雕刻品，描绘一个少年肩扛水壶，腰缠纯粹埃及式腰带的情景。另外，还有一件"埃及式的象牙雕刻"，表明乌加利特城与埃及有着广泛的交往并深受埃及艺术风格的影响。

从出土文物中还可以看出迈锡尼等地中海区域文化对乌加利特的影响。迈锡尼等地的陶器以章鱼形纹、海生动物形象为主。在博物馆中，展示了一个"鱼形水壶"，这个水壶反映了内陆看不到的迈锡尼陶器的特色。此外，博物馆中还展示了大量来自其他民族的神像，说明当时外国的宗教在此地也得到了宽容。而博物馆展示的大量印章，则反映了乌加利特与其他地区经济

叙利亚国立博物馆

贸易和交往的发达。

第三部分主要介绍希腊化时期及罗马统治时期叙利亚地区的社会文化生活。博物馆中藏有一个石棺，名为"拉斯坦的石棺"，从其雕刻风格上，可以很明显地看出希腊雕刻的特色。另外，还展出了一系列维纳斯的雕像，这些雕像极力模仿希腊、罗马的维纳斯形象，其中有"大马士革的维纳斯"、"揽镜的维纳斯"、"提衣的维纳斯"等。

第四部分主要介绍巴美拉遗迹与遗物，以及它在丝绸之路上的重要地位。叙利亚沙漠中央的希腊化城市巴美拉是丝绸之路上的重要城邦，但由于不屈服于罗马的统治，公元272年，罗马皇帝奥理略率领军队将巴美拉城捣毁，繁荣的巴美拉成为一片废墟。现今的巴美拉遗迹表现了希腊化时期和罗马统治时期的状况。那巨大的石柱，巍峨的神殿，雄伟的凯旋门，半圆形剧场，使你宛如走进古希腊、罗马的城邦。

第五部分主要展示作为伊斯兰教中心的叙利亚状况。伊斯兰教先知穆罕默德曾经在大马士革建都，并奠定了伊斯兰教艺术和工艺的基础。现在，真正保留古代伊斯兰教风尚的建筑物已经不多了，在博物馆的中庭复原了海尔西宫的正面形状，这座宫殿正面看来颇似城堡，饰有各种花纹。另外，博物馆中展示了回教的瓷砖、陶器，还展示了一些阿拉伯人的生活场景。

梵蒂冈博物院（意大利）

梵蒂冈博物院位于意大利首都罗马一角的教廷所在地"国中之国"的梵蒂冈市内。它南邻著名的圣彼得大教堂，共由 12 座建筑年代不同、建筑风格各具特色的收藏馆组成。展览面积达 5.5 万平方米，收藏着不同国家、不同民族五光十色的文物珍宝和艺术大师的杰作。

梵蒂冈博物院的 12 座建筑中首先要数教皇宫。这是 15 世纪晚期教皇尼古拉五世仗着自己的权势，督率大批艺术家和雕塑高手及能工巧匠昼夜赶工建成的，精雕细刻，集富丽堂皇之大成。以后的教皇也不甘落后，大兴土木，从而为后世留下了一座座建筑杰作。最晚的一座竣工于 1970 年，是用来收藏格里高时代的世俗艺术品、基督教早期艺术品和传统民俗艺术品的现代建筑。

教廷收藏艺术品始于 1503

梵蒂冈博物馆

年教皇尤里乌斯二世在位之时，他把文艺复兴时代的艺术大师米开朗基罗和拉斐尔吸引到了梵蒂冈，让米开朗基罗为西斯廷教堂制作天顶画，委托拉斐尔为他的私人套房搞装饰，他本人拥有大批文物。教皇们为了搞到艺术珍品费尽心机，不择手段，利用权势和影响，搜集了大量的文物，由此使现代宗教艺术馆得以建立。公元前1世纪著名的雕塑群《拉奥孔》出土后，买主不可胜数，教皇尤里乌斯利用权势把罗马政府中的一个肥缺给了宝物的主人，把这件宝物弄到手。

博物院的珍宝是按照不同内容分馆展出的。有"埃及馆"、"画像陈列馆"、陈列雕刻作品的"庇护——克里门汀馆"、展出东方艺术品的"拉特兰馆"，以及"埃特鲁斯卡馆"、"挂毯廊"、"地图廊"等。就说地图廊吧，里面铺满地图，其中有意大利的地图40幅，有境内地理和沿海岛屿图、古今地形图解以及热那亚和威尼斯等城市的地图。它们都出自16世纪数学家、天文学家和建筑师伊格拉齐奥·旦丁之手，他用三年时间，在1583年完成，代表了当时地理学与地图学的最高成就。

专门陈列拉斐尔作品的"拉斐尔馆"，是最吸引人的中心之一。在16世纪，他和达·芬奇、米开朗基罗并称文艺复兴艺术上的三杰。在他短暂的37年的人生历程中，为后世留下了一批稀世绘画作品、建筑设计图等。他还奉命为教廷绘制壁画10年。在其中总名为《教权的建立和巩固》的壁画中，他用现实的手法表现了血肉之躯的人世生活。在"签字大厅"进门两侧墙上，他画了《辩论会》和《雅典学院》，前者表现古代哲人的交谈辩论，后者则描写大哲学家苏格拉底、柏拉图和数学家欧几里得等聚会的情景，都成为他遗留下来的伟大艺术遗产的重要部分。

来到西斯廷小教堂里，人们可以看到米开朗基罗用4年时间，在300平方米的天花板上完成的天顶画《创世纪》。这位参加过反美第奇暴政起义的斗士，在他画的圣经故事中，表现了想象中的英雄和巨人。据说他绘完这幅画时，颈子都歪了。他还被迫为教皇绘制了高20米、宽10米的《末日的审判》这幅极为宏大、复杂的壁画。他用雄浑、刚健的笔触抒发了自己爱憎分明的善恶观。面对如此惊心动魄的艺术杰作，每一个参观者都不能不久久驻足沉思。

雅典学院

　　这座博物馆里还收藏有不少出土于墓葬中的金、银和青铜制品，以及收集来的令人惊叹的工艺品、绘画作品等。还值得一提的是，这里还有一座收藏量达50多万件手抄本和印刷品的图书馆，其中有许多是历任教皇和欧洲一些王室贵族的藏书。在陈列柜中摆有誊抄在羊皮纸上的圣经；有1612～1659年中国地图的手抄本，翻开的一页上，是详细描绘的湖广地图。在这里能看到多种版本的圣经，大的长约二尺，宽有尺半，厚也有尺余；小者长不过寸半，宽约一寸，厚仅三分，只有用放大镜才能看清。

　　梵蒂冈的艺术宝藏虽然有许多打上了宗教的烙印，但它们是世界各国无数艺术家和劳动者心血的结晶。历史翻过了一页又一页，这些艺术瑰宝将永远闪耀着不朽的光辉。梵蒂冈博物院无愧于"世界上最古老、最宏大的博物馆之一"这一赞誉。

古城庞贝（意大利）

　　庞贝，这个举世闻名的游览胜地，是一座人间最悲惨的地下遗址博物馆。庞贝城位于意大利首都罗马东南 240 千米的那不勒斯海湾，离维苏威火山南麓不到 2 千米。庞贝城建于公元前 6 世纪。公元前 79 年 8

庞　贝

月 24 日，维苏威火山突然喷发大量岩浆，先是直冲云霄，高达数千米，然后向四周冲泻，燃烧着火的碎石像冰雹那样从天上猛砸下来。亿万吨的火山石、火山灰撒向火山周围的整个地区。古城庞贝顷刻之间遭受灭顶之灾，整座古城连人带房舍被埋进了 6 米多厚的炙热的火山灰、火山石之下。岩浆渐渐冷却以后，在地面上凝结了厚厚的一层硬壳，后来又在上面积起了 2 米厚的沙土。

从此，这座繁荣一时的古城从地面上消失了，在地下沉睡了将近 1700 年光景。直到 1748 年，当地的农民在耕作时偶然发现了一些古代的石像、石碑类的物品，这引起了人们的注意。考古工作者断断续续进行了近 200 年的发掘整理，使这座古城重见天日。古代的这座城池，是有极高价值的遗迹，是一座非常特殊的博物馆。人们在这里可以真切地看到古罗马时代的城市生活场景。

由于灾难突然降临，古城顷刻间毁于一旦，又是被炙热的火山熔岩掩埋，因此城市的许多部分都照当时的原样保留了下来。经过发掘整理后可以清晰地辨别出庞贝城占地约 63 万平方米，建筑在椭圆形台地上，围有 3 千米长的城墙，共有 8 座城门，城内纵横各有两条大街呈"井"字形相交，全城分为 9 块地区，每个地区都有大街小巷，路面用巨石铺成，街两旁均有稍高一些的人行道。

主要大街的路面上还有清晰可辨的马车辙印、街道两旁的建筑物还残留着断壁残垣，一些门窗及室内的一些家具、用具、器皿等也完好无损。人们竟然还在烤炉内找到面包，在食橱内发现熟鸡蛋。

古庞贝城内建有良好的供水系统，砖石砌的引水渡槽，从城外山上引来泉水，每个十字路口设有公共水槽，富人邸宅的庭园内有水池喷泉。城内有一长方形广场，为当年全城宗教、政治、经济活动的中心，是政府、法庭和宇庙的集中地。广场四周残留着高 10 多米、粗可合抱的石柱、雕刻精致的大理石门框以及高出地面 1 米多的石板地基。可以推想这里建筑物的宏伟气魄。在广场建筑物的墙壁上，还留着当年竞选的口号。

城东南，有一个可容纳 5000 名观众的圆形露天竞技场，约建成于公元前 70 年，是举世闻名的罗马科洛塞奥斗兽场同时代的建筑物。城内还有三处公共浴室，可以看到 2000 年前的庞贝人懂得用锅炉烧水，也懂得用暖气，将蒸气通过墙壁空间和地板下面输暖，以保持浴室温度。还有发掘出来的一些私人宅邸，那里有粗大的大理石圆柱、精雕细刻的门楼，厅堂、餐厅、卧室的墙上都有精美的壁画，地面上有镶嵌图案，花园里有大理石雕刻的天使和人像及禽兽、石盆、石瓶等。发掘还证明，当时庞贝已拥有多种手工作坊和商店，并达到了相当规模。此外，还发掘出有大量劳动工具、武器、钱币、衣服之类的生活用品，以及手镯、耳环、宝石等装饰品，有高利贷者的债本、借贷者的借据、商人的账本和政府的布告。

最有历史价值的是一批后人用石膏浇注成的那些当年受难的人、畜的"塑像"。火山突然爆发时，城市内大约有 2 万人，其中约有 2000 人未能逃脱，与城池同归于尽。火山岩浆倾泻而下，一瞬间把人、畜包裹在岩浆内，随后岩浆冷却凝固，历经千百年，肉体腐烂，在岩石内部留下了人、畜形空壳。今天人们将岩石小心剖开，浇上石膏，就成了一尊尊石膏塑像，再现了当时这些人、畜面临突发事件时所表现出来的恐惧神态。如一小女孩搂住母亲哭泣；临死紧紧抓住钱袋的乞丐；顶着枕头在街上狂奔的人；一条家犬力图挣脱紧锁的铁链；最惨的是一群被铁链锁住而无法挣脱的角斗士。这些塑像就放置在当年他们倒下的地方。

古城的再现，让今天的人了解到一场大自然灾难带给人们的苦难。

达·芬奇科学博物馆（意大利）

达·芬奇是意大利文艺复兴时期伟大画家、艺术巨匠。他那脍炙人口的壁画《最后的晚餐》和肖像画《蒙娜丽莎》，人们无不为之赞叹！可是，关于达·芬奇还是一位科学家和工程师，恐怕很少有人知道。现在不妨看看以他的名字建立的科学博物馆吧。

在意大利北部的米兰市，有一座圣威多雷教堂，隔壁是一座建于16世纪的修道院。1953年，米兰市政府为了纪念达·芬奇诞辰500周年，决定将重新修建过的修道院创办成为一座以达·芬奇名字命名的科学博物馆。

达·芬奇首先是以其绘画享誉于世的，虽然他不是多产的画家，然而他给后世留下了不少绘画精品，这些名画有永久的魅力。他在绘画技巧和绘画理论方面有一套独到的见解，并把绘画技巧和绘画理论方面的独到见解大胆运用于实践。正因为这样，他的绘画才脱颖而出，达到别人无可企及的高峰。他讲求一种统一的绘画构图，追求画面的稳定感。我们所看到的达·芬奇的绘画，大部分采用三角形构图。这种构图使人感觉到相当稳定，如《岩窟圣母》、《圣母子与圣安妮》等。同时，这种稳定感还表现在多幅画面里面都有一个中心焦点，不管画面上的人动作如何，其眼光与动作的总趋势都趋向于这个中心点，画面的中心人物便置于这个中心点中。例如，在《最后的晚餐》中，不论从画中人物的动作中，还是在色彩的配置上，都显示出这幅画的中心是基督，并且构图的中心焦点都集中在基督身上。更为难能可贵的是达·芬奇对大自然的细致观察以及在绘画中对大气及自然光线的理解和应用。他创造了颇为得意的绘画"晕染法"，即随着光线变化而巧妙地把人体的曲线和衣服皱褶表现出来；还利用"大气远近法"的透视理论，创造出深远清澈的世界，增加画面的深度，增加艺术主题的显示力。达·芬奇所取得的所有成就都依赖于他不畏辛苦、刻苦钻研的精神。他解剖尸体，记有大量解剖笔记和素描图，并撰有《绘画论》来总结自己的绘画心得。

达·芬奇不但是伟大的画家，还是建筑家和科学家。他颇有建筑才能，这在他的设计图稿中充分体现出来。达·芬奇的都市建设计划具有相当高的全局性、长远性，与现代理想的都市设计相去不远。在达·芬奇科学博物馆中展示了由他的草图而制作的模型，把包括开发卫星城市以分散当时大都市人口的过度膨胀，以及下水道、道路宽度与建筑物高度的关系，通风与日照采光等问题都考虑到了。在道路交通方面，他采用立体交叉道路及地下道所构成的有系统的道路体系来解决市区里的交通拥挤问题。住宅采用多层大厦式建筑以便能容纳更多的人。剧场则采

最后的晚餐

用新颖的双楼梯建筑。这些设计虽未被采纳，但充分显示了他在建筑上的奇异才能。

达·芬奇在科学技术方面的才能在当时也是无与伦比的，许多天才设想已经超出了当时的环境所限，竟与现代人的想法不谋而合。后世的许多发明，在达·芬奇的笔记中都有所提及。

在交通工具方面，达·芬奇无论对车、飞机、轮船都有自己的构想。在达·芬奇的手稿中，遗留着有关鼓翼飞机以及直升飞机的设计图与构想图。达·芬奇科学博物馆中展示了根据达·芬奇手稿而制成的"飞翔天空的船"，装有类似蝙蝠翅膀的船翼和水平尾翼。与此相配合，他还设计了降落伞的构造，可称为最早设计的科学降落伞。这种降落伞也由达·芬奇科学博物馆根据其手稿制成了模型。

达·芬奇从实践出发，设计了多种用途的船只，有疏浚船、掠夺船、突击船和军舰等，都被制成模型展示。他设计的疏浚船由两条小船组成，两船之间高架一滚轴，滚轴上装有几个挖泥铲，形状与近代的大致相同，只要转动滚轴，便可进行挖泥，并且还可以调动轴的高度来控制挖掘的深浅。

另外，达·芬奇的手稿中还有不少车轮设计，并设计了具有刹车的车轮。馆里陈列着达·芬奇设计的自行车画稿，驱动后轮的链条与现代的结构相同，陈列品中有一辆1880年生产的自行车，前轮直径不过四五十厘米，后轮特大。达·芬奇科学博物馆里还展示有达·芬奇自动车的模型，堪称汽车的原型。在当时没有燃料作动力的情况下，他运用了弹簧，把动力储存于几个弓形的弹簧内，再将动力传送到齿轮以带动车轮。他设计的自动车样式颇似后来很久才发明的三轮车。

达·芬奇通晓机械原理，并根据需要设计了许多机械装置、工具设计图。达·芬奇科学博物馆把很多设计图制成了模型供人参观，其中有掘削机、回转起重机、附自动装置的锻造锤、橄榄油榨油机等。最有价值的是他设计了透镜研磨机，基于他对视力的观察和研究。他不但通晓眼睛的构造，而且还在此基础上，进一步探究了凸透镜和凹透镜的特性，并特意研究出了矫正视力的光学眼镜的正确制造方法。

通过对达·芬奇科学博物馆的参观，我们会加深对达·芬奇一生的了解，加深对他的敬仰。他不仅为人们留下了许多不朽的艺术作品，在自然科学方面也作出了重要贡献。这座博物馆是目前世界上唯一展示他在科学技术方面对人类作出重要贡献的科学博物馆。

罗马国家博物馆（意大利）

　　意大利的罗马国家博物馆位于罗马火车站附近，是利用公元 3 至 4 世纪的戴克里希浴场的一部分遗址和一座由米开朗基罗设计的教堂改建而成的。博物馆有许多展厅，还有一个中庭花园，放置从浴场出土的石柱及雕像。环绕着花园的是一个由 100 根柱子及连拱组成的宽大回廊，为米开朗基罗的弟子所设计。回廊下面布满了大大小小、高高低低的雕像。

　　罗马国家博物馆的收藏，以 1870 年在罗马城内外考古出土的古代希腊、罗马时期的雕刻、铜像、镶嵌画为主。此外，17 世纪意大利著名收藏家鲁多维奇收藏的作品也是该馆馆藏中的极为重要的一部分。鲁多维奇的藏品是在 1901 年由意大利政府买下后陈列在该馆的。

　　罗马国家博物馆的镇馆之宝是一件古希腊的大理石浮雕《鲁多维奇的宝座》。它有正面和两个侧面的浮雕，正面的一块浮雕表现的是阿芙罗蒂德（即罗马神话中的维纳斯）诞生的场面。在希腊神话中，阿芙罗蒂德是爱神和美神，分管人类的爱情、婚姻、生育，以及动植物的繁衍与生长。传说阿芙罗蒂德是从泡沫中诞生的，当她从大海中诞生的时候，由两位季节女神在左右将她搀扶起来，浮雕以对称的构图和装饰性的手法雕刻了这一场面。左右两侧的浮雕分别雕刻了一位吹笛的少女和一位焚香的妇女，在表现形式上也带有对称的意味，然而又以少女与妇女、裸体与着衣形成对比，圆润的肌体与衣褶的线条在艺术表现上都达到了无可挑剔的程度，是浅浮雕中最成功的范例之一。据希腊雕刻史家格尔勒考证，《鲁多维奇的宝座》是古希腊神庙的装饰浮雕，创作时间大约为公元前470－前460，作者为雅典雕刻家卡拉美斯，在作品中展示的风格表明了他已经告别了希腊雕刻古风时期的冷峻和凝滞。该作品因原藏于鲁多维奇的别墅，故称"鲁多维奇的宝座"。

　　古希腊圆雕《掷铁饼者》也是一件世界名作。这件作品表现了一个运动员正要将铁饼掷出的一瞬间状态：他稍稍弯下身体，上身向右扭转，持铁饼的右臂后挥高过头顶。虽然雕像不可能再做出下一个连续动作，但是它能引发观众的联想——运动员马上就要转体而将铁饼掷出。作品把静止中积聚着强烈的运动爆发，动态中又体现着和谐的平衡，男性发达强健的肌体在复杂的运动中展示得尽善尽美。自从公元前776年起，古希腊人每隔4年便要在奥林匹亚举行一次大规模的体育运动会，以挑选最强壮的勇士武夫。竞赛中的优胜者能将他们的名字留入史册，而连续3次获胜的运动员还能获得由著名雕塑家为他们塑造雕像的荣誉。由米隆作于公元前5世纪的大理石雕像《掷铁饼者》表现的也许就是古代的一位运动健将。米隆与菲狄亚斯、波利克列特并称希腊三大古典雕塑家。米隆擅长于用写实的手法来表现运动中的竞技者。《掷铁饼者》原本是一座青铜像，原作早已不复存在，现存的作品是由罗马时期的雕刻家兰瑟洛蒂用大理石摹制的。通过这座《掷铁饼者》，才使得后人对米隆的雕刻艺术有了一个深刻的了解。贡布里希在看了这座雕塑后曾说："站在雕像面前，仅仅考虑它的轮廓线，我们马上就感觉到它跟埃及美术传统的关系。就像埃及画家那样，米隆给了我们躯干的正面像，双腿和双臂的侧面像；像他们那样，他也是用各部分的最有特性的视像组成了一个男子人体图。但在他的手中，那一古老陈腐的公式变成了全然不同的东西。他不是把那些视像拼在一起构成一个姿势僵硬的、令人不能信服的肖像，而是请了一位真实的模特儿做一个相近的姿势，然后把它修改成看起来仿佛就是一个运动着的人体的可信写照。至于那是不是跟最适合投掷铁饼的动作完全一致，倒是无关紧要的。重要的是就像那时的画家征服了空间一样，米隆征服了运动。"

　　古希腊雕塑《杀妻并自杀的高卢人》创作于公元前 3 世纪，但现存的这件作品也是罗马时期用大理石摹制的。这座圆雕双人像表现的是战败的高卢人不愿遭受敌人的侮辱，在将自己的妻子杀死以后，正用剑刺入自己的胸腔，顿时鲜血迸溅。该石雕作品在人物肌肉的表现上、在衣服褶纹的表现上都能达到如此生动和逼真的程度，既说明了古希腊雕塑的伟大，又显示了古罗马雕刻水平的高超。

　　完成于公元 205 年的《鲁多维奇石棺浮雕》是一件古罗马作品，长2.73 米，高 1.52 米，雕刻的是罗马人与凯尔特人在多瑙河下游的一场浴血奋战——双方军队已经混战在一起，指挥官与士兵、骑兵与步兵也都相互交错，横七竖八。这虽是一幅混乱的战斗画面，但还是有一定的构图设计，即下部多为死伤的战士，中部是战斗状态，上部则是行进的军队。由于浮雕没有背景，人物布局又较为均匀，无显著的疏密对比，因此形成一种图案似的装饰效果。该石棺出土于罗马的圣洛伦佐门外，石棺的主人至今仍难以考定，据称该浮雕可能是用于表彰死者生前的功绩。

巴尔杰洛博物馆（意大利）

　　旧称国立巴尔杰洛博物馆，收藏了许多艺术作品和意大利文艺复兴时期的最好的雕塑。城堡似的建筑建于 1255 年，早期曾是市政厅（是这个城市的政府最早的所在地），后来成为警察总局和监狱。

　　它之所以著名于世在于死刑的执行地位于它的主庭院中，直到 1786 年废除死刑。在一系列革新后，这幢建筑物作为意大利国立博物馆于 1865 年向民众开放。主要的展品囊括在三层展厅中，由米开朗基罗展厅起始，这个展厅曾在 1966 年洪水中损毁后重新设计和装修。三个米开朗基罗风格迥异的雕塑星星般地点缀其中，最著名的是喝醉的《酒神》（1497），米开朗基罗的第一个大型自立作品。紧靠着的是强健的《布鲁图》的半身像，大家只知道是由米开朗基罗所作，还有一个精妙绝伦的环形浮雕，刻着《圣母玛丽亚和耶稣》。其他的雕刻家的无数雕塑摆满了整个房间，其中有行为艺术天才詹博洛尼亚的作品高雅的《墨丘利神》（1564），还有由雕刻家和金匠本韦努托·切利尼打造的数尊青铜像。穿过庭院，你就会看到已破碎的徽章展示了巴尔杰洛的各种职责。其他的两个房间被城市外面移来的雕塑所占据。院子的外部楼梯把人们引向第一层，展示的都是詹博洛尼亚颇为古怪的青铜像；右面是孔希里奥杰内拉莱大厅，一个颇似洞穴的审判室，里面都是文艺复新时期雕塑的精华部分。

　　最出类拔萃的是多纳泰罗的英雄《圣乔治》（1416），由军械制造

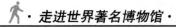

行会委托的这尊雕塑在 1892 年从奥森米凯莱教堂运至此处。房间的中央与之形成鲜明对比的是他的另一作品《大卫》（1430），著名于世的原因是那个时代西方艺术家的第一尊自立裸体雕塑。房中有一些紧靠着右墙是很容易被忽略的雕塑，其中就有两个刻着以撒献祭的浮雕。在洗礼堂大门设计比赛中由布鲁内勒斯基和吉伯提各自设计的图形创作的大门，在沙龙房间不远处，巴尔杰洛博物馆的重心转移到实用艺术上，一个接着一个的房间都是地毯、陶制品、银器和许多其他形式的艺术品。这其中最出名的是二层的沙龙·德尔·卡米呢房间，特色是收藏了意大利最精美的小青铜像，一些是古董的复制品，另一些是文艺复兴时期雕塑的小模型。詹博洛尼亚、切利尼、波拉约奥罗是其中的代表人物。

乌菲齐博物馆（意大利）

乌菲齐博物馆是世界著名的绘画艺术博物馆，位于意大利佛罗伦萨市的乌菲齐宫内。该馆以收藏大量的文艺复兴时期的绘画名作而蜚声国际，有"文艺复兴艺术宝库"之称。乌菲齐宫原是显赫一时的美第奇家族办公的地方。"乌菲齐"一词即意大利文"办公厅"的意思。美第奇家族是一个大银行家，实际统治佛罗伦萨近3个世纪。这个传奇的家族，从15世纪到18世纪，竟然出了3位罗马教皇和2位法国皇后。这个被称为佛罗伦萨"无冕王"的贵族之家，却有爱好、扶植和保护文化艺术的优良传统。

"乌菲齐"始建于1550年，曾经过几次改建。二、三百年间美第齐家族的成员把从各地搜集来的艺术品集中到"乌菲齐"，从而形成了乌菲齐公共博物馆，并于1765年正式对外开放。其藏品之丰，就连1796年远征意大利见到该馆藏品时的拿破仑都垂涎三尺，只是由于它是公共财产，才未敢征收。后来只有"美第奇的维纳斯"雕像，被这位法国皇帝劫掠到"卢浮宫"，但在复辟时期又被送回。如今，乌菲齐美术馆共有46个画廊，分为三层，收藏着名画、雕塑、陶瓷等约10万件，是世界上规模最大、水平最高的艺术博物馆之一，大部分是13~18世纪意大利派、佛兰德斯派、德国及法国画派的绘画和雕刻。展品按时代顺序和流派陈列。从这里既可以看到意大利艺术发展的趋势，也可以概括地了解世界艺术、特别是绘画艺术的各种流派。13世纪托斯卡纳派陈列室里展出的有奇马布依、乔托、杜乔·第、博尼塞纳的作品，其中博尼塞纳的大幅绘画《圣母子》给刚踏入博物馆的观众以强烈的感受。14世纪锡耶纳派陈列室有洛伦采蒂兄弟的数幅作品和马尔蒂尼的《圣告》等反映锡耶纳派绚丽多彩风格的作品。14世纪佛罗伦萨派陈列室中陈列有法布里亚诺、摩纳哥的洛伦佐修士等人的作品。15世纪佛罗伦萨派陈列室是乌菲齐美术馆最引人注目的陈列室，有波提切利的大小20幅作品，其中《维纳斯的诞生》和《春》两幅作品是他的成熟期巅峰之作，令前来参观的观众流连忘返；此外还展出有佛兰德斯派的梅姆灵、胡斯等人的说明与佛罗伦萨派之间的联系的作品。北方画家陈列室有曼特尼亚、威尼斯派的贝尼尼、乔尔乔涅、柯勒乔等人的作品；达·芬奇的未完成的作品《三王礼拜》也陈列在这里。文艺复兴后期陈列室展出有拉斐尔的《金丝雀的圣母》、米开朗基罗的《圣家族》以及托斯卡纳派的马尼埃里斯特等人的作品。威尼斯派陈列室有提香、韦罗内塞、丁托列托等人的作品，其中以提香的《花神》最为杰出，是乌菲齐美术馆的镇馆之宝，也是意大利的国宝。此外，该馆还陈列有荷兰画家伦勃朗、鲁本斯等人的名画和18世纪威尼斯派作品。最后一个陈列室展出了各时代画家们的自画像。乌菲齐博物馆还建有一座在阿诺河上的"风雨桥"，与美第奇家族居住的皮提宫相连。这座宫殿建筑十分豪华，也已辟为画廊，收藏有拉斐尔、鲁本斯、凡戴克和佛朗西斯的一些杰作，在世界艺术博物馆中，也占有相当重要的地位。

柏林世界民族博物馆（*德国*）

柏林世界民族博物馆以其历史悠久、专业性强、藏品所涉地域广而著称。

1873 年柏林世界民族博物馆建立，至今已拥有非洲、大洋洲、美洲考古学、美洲土著、南亚、东亚、西亚、欧洲及民族音乐九大部门，藏品甚丰。其前身是王侯贵族的藏宝之所，到菲特烈二世时，藏品不断丰富，于是设馆储藏并展示。第二次世界大战期间，遭到了极大的破坏。1966～1970 年新建了达 1 万平方米的新馆。新馆位于风景如画的柏林郊区达雷姆林，吸引着诸多游客和学者。

第一展室主要介绍大洋洲诸岛屿的风俗与历史。大洋洲主要由澳洲及美拉尼西亚、密克罗尼西亚和波利尼西亚三大群岛组成，位于太平洋之中。这些太平洋的土著居民是大海的主人，是善于航海的民族，这从柏林世界民族博物馆中搜集的大量的独特的独木舟中便可以看出。独木舟是这些土著居民的主要交通工具，有各种各样的独木舟，大的可以乘坐 50 人，小的只能容纳一个人划船。这些独木舟不但有实用价值，而且是一件件艺术品，独木舟的船头雕刻以及各种精细的制作技巧都令人叹为观止。更能代表这些土著居民智慧的是，他们在长期的航海过程中，积累了丰富的经验，用椰子的叶梗组合，再附以贝壳，创造了独特的"编枝航海图"。

第二室主要展示南亚的传统技艺。这里讲的南亚包括现在概念上的

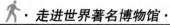

南亚印度及东南亚。直到如今，仍盛行于爪哇的皮影戏代表了这一特色，所讲述的故事大多取自印度的两大史诗《摩诃婆罗多》和《罗摩衍那》。当你置身于博物馆中形形色色的"傀儡"展示窗前，你会被那神奇的色彩和动人的故事所深深吸引。

第三展室主要展示美洲土著文化及部分欧洲土著文化。自从哥伦布发现新大陆以来，美洲的文明逐渐被世人所知，其悠久与灿烂文明吸引着众多的人去研究、发掘。柏林世界民族博物馆展示了许多美洲土著的文明遗物。在博物馆中，陈列着大量美洲的造型艺术，有石雕和陶器造型、黄金造型、编织造型等，反映了美洲印第安人丰富多彩的生活。其中最珍贵的要数陈列于中美洲室的"科兹马尔瓦巴的石碑"，代表的是一种中美洲"科兹马尔瓦巴文化"。从石碑雕刻上，我们可以了解当时重大的社会习俗和宗教仪式，以及这种文化的前因后果。此外，本室中还陈列有一些欧洲土著的精致物品，有造型别致的陶器，有形式多样的装饰品以及部分捷克礼服。

第四室主要介绍非洲大陆黑人的文化源流及珍贵遗物。非洲是一个神奇而又充满魅力的大陆，作为一个古老的大陆文明在世界文明史上占有重要地位。许多人认为，非洲是人类文明的发源地之一，因为在这里发现了最古老的人类化石和遗物。

一般认为，西非附近的诺克文化是非洲最古老的文化。诺克文化以小型赤土陶器为主。诺克文化的发现在 20 世纪中叶。1931 年，人们为挖掘乔斯附近的锡矿，在小村诺克发现了两个赤土陶偶头部，以后又在附近地区发掘了不少类似的陶器。这些陶器制作精巧，抽象技术极为高超。诺克文化大致繁荣于公元前 900 年～公元200 年左右。以后出现的贝南文化和伊飞文化都与诺克文化有相似之处，但这两个文化不再以陶器为主，而是以青铜制雕像为其特征，其中主要以国王、王后头像为主。这些青铜雕像并不是写实地表现人体，而是进行高度抽象，表现一种独特的造型，以适应他们的风俗习惯和宗教心理。这一点在博物馆中陈列的头像中可以很清楚地看出。

　　另外，非洲人的凳子造型花样众多，装饰之繁复令人惊讶，是其他任何民族所少见的，有的表现为两个人双手高抚凳面，有的表现为人站立凳面之侧以充当靠背之用，有的表现为动物形状等，形成一件件造型与实用性结合的艺术品，一方面表现了当时社会的阶级状况，另一方面通过凳子造型装饰的发展也反映了黑人文化发展的过程。

达豪集中营博物馆（德国）

在德国南方距慕尼黑市 20 千米的地方，有一个美丽的小城镇——达豪。这里有一座文艺复兴时期的宫殿，每年到这里参观的人有几十万，但是大多是来去匆匆，很少有人在此地久留。因为，达豪在世人心目中引起的是血腥的回忆和令人恐怖的联想。

1933 年，战争狂人希特勒握住了德国的权杖。从他上台时起，他就在这里建立了集中营，用来关押"政治犯、犹太人、宗教界人士"和所谓"政府不喜欢的人"，使这里成了一座人间地狱。从 1933 年到 1945 年的 12 年间，这里共关押过数万人，杀死 31951 人。

现在的达豪集中营故址，仍然保持着当年的原貌。集中营为长方形，方圆有上百公顷土地，四周有通电的铁丝网和壕沟环绕，每隔十几米就有一座高高的炮楼，上面装有探照灯和机关枪，日夜监视着全营每个角落。集中营分为三部分，中间是关押犯人的简易棚式营房，一端是管理处，另一端是行刑焚尸院。管理处与营房之间是操场，是每日点名和集体处罚犯人的地方。犯人居住的棚式营房，是一种用厚木板钉成的方框框，床铺分为三层，第三层几乎接近牢房顶的顶柱，空间十分狭小，只能爬着上床，床与床之间的距离仅可下脚，看上去就像一口口棺材搁在那里。

从现已辟为陈列馆的管理处中，可以看到反映囚徒生活的一些照片、实物和少量文字图表。当年达豪集中营被押的囚犯虽然待遇十分恶劣，但却要承担繁重的劳动。从早4点钟起床，一直到晚8点半才能回营。从一些照片上可以看出，那些犯人都被折磨得皮包骨头，疲惫不堪。

陈列馆还介绍了惨无人道的法西斯匪徒使用这些囚徒的身体作各种试验的情况。为了进行细菌战争，他们在犯人身上培植疟疾病菌，还进行其他使人体受到致命伤残的生物化学实验。为了战争的需要，他们还用犯人作"超低压、超低温"试验；甚至破开犯人的脑壳，作活体解剖。

达豪集中营的犯人，强壮的或者做苦工，或者被用来做试验；至于那些老弱病残与妇女儿童的下场则更为凄惨，等待他们的是集中营的毒气室和焚尸炉。毒气室外表看起来像个浴室，里面装着莲蓬头，然而那里流出的不是生命之源的水，而是窒息生命的毒气。刽子手们用洗澡的谎言把囚犯们骗入"浴室"后，由管理人员立即封闭毒气室，然后将毒气放入，几分钟后，犯人就已全部死亡。毒气室紧挨的是焚尸炉，被害者尸体可以马上被扔到这焚尸炉里焚烧。陈列馆有一张照片，上面是一个青年妇女，搀着三个天真的孩子，怀里还抱着一个婴儿，在默默地、无可奈何地走向毒气室。在毒气室和焚尸炉旁让人触目惊心的是那些堆积如山的各式各样的大大小小的靴子、鞋子，是那些成千上万的被害者被迫走向毒气室前脱下的。

达豪集中营还有一个专门的"射击场"。1941年德国法西斯入侵前苏联后，大批的前苏联人被押运到达豪，结果仅几天，6000名前苏联人全部被枪杀。达豪解放前夕，还发现约有7500具尸体未来得及焚烧，战争结束后才被移入达豪公墓。

在欧洲，歧视与迫害犹太人是一个长期的历史问题。希特勒利用了这个问题，先是煽动反犹情绪，继而大批灭绝犹太人。他的种族理论宣称，人类种族有天生优劣之分，雅利安人是各种族的出类拔萃者，上天赋予他们"主宰之权"，凡不属优良之列的种族都是

糟粕，其中"首恶者"就是犹太人，必须灭绝一切犹太人及来源于犹太人的各种制度和政见。基于这种理论，纳粹对犹太人进行了惨绝人寰的迫害和屠杀。整个大战期间，纳粹分子杀害的犹太人至少有 600 万人。

达豪博物馆内仅有黑、白两种色调，除展品外无任何装饰。一座简朴的纪念碑旁摆满了各国观众敬献的鲜花，碑文上写着："悼念死者，警戒后世。"当参观者从那令人窒息、充满血腥与残暴的黑黝黝的集中营里出来，呼吸着清新的空气时，每个人的心中都回响着一个声音：决不能让法西斯战争和残暴的种族主义重演！

德意志自然科学与技术成就博物馆 （德国）

在德国南部阿尔卑斯山麓最大城市慕尼黑，多瑙河的支流伊萨河从它中间穿过。在河中的一个小岛上，坐落着每年吸引 150 万观众的世界最壮观的巨型科技博物馆，这就是德意志自然科学与技术成就博物馆。

这个博物馆创建于 1903 年，是巴伐利亚电气工程师奥斯卡·冯·米勒创意建立的。后因第一次世界大战计划被搁置。直到 1925 年，在米勒过 70 岁生日那天，博物馆正式落成开幕了。它是一座 6 层大楼，建筑面积 4 万多平方米，共有 28 个分馆及露天展览场，展品共 1.5 万多种，几乎荟萃了所有科学技术领域的展品，主要参观路线总长达 16 千米。

凡是参观过这个博物馆的，都交口称赞它具有许多令人难忘的特点：

一是展品门类繁多，几乎涉及所有科学技术领域。如工业，包括机械、动力、化工、矿产、印染、纺织、煤炭、冶炼、酿造、陶瓷、造纸、印刷等；交通，包括航空、航海、铁路、桥梁以及各种车辆；还有计时器、度量衡器、乐器、光学仪器、天文、医学，一直到原子能、火箭、地球物理、宇航技术等，洋洋大观，应有尽有。

二是几乎每一门类的展品，既有最古老、最原始的制品，也有最现代的科学技术结晶，使观众清楚地了解到人类社会科学技术发展的历史。如汽车，从 1886 年奔驰汽车厂生产的第一辆三轮汽车开始，到近

代新型赛车，共陈列 88 辆；动力展品，从古代用狗、牛牵动轮轴取得动力（模型），一直到风车、水车，各个时期的火力、水力发电，原子能、太阳能的利用；船舶陈列，从古代独木船开始，到 1881 年的一条巨型帆船，直到现代客轮、军舰、潜艇；计时器陈列，从古老的日晷、滴漏、沙漏，直至各式齿轮钟到新型钟表；机床陈列，最古老的是一台 1776 年的车床模型，一直到现代构造的精密机床和由几十台机器组成的自动线。

三是陈列的复制品和模型，大多能启动运转，如机械、动力模型，都可以开动；工业生产流程，都可以表演；音乐厅里许多古老乐器都可以演奏；天文馆里显示了在南北半球可以看到的星座、银河和星云；船舶模型可以航行；建于 1906 年的法国海军第一艘潜艇，可以从它的剖面观看内部结构。

四是观众可以自由揿按按钮，启动和操弄展品，如航空部有一个示范表演，能让参观者坐在飞行员的座位上模拟驾驶飞机；机床展品中有许多自动机床，能让观众按动启动开关后自动走刀，在响声隆隆、火光闪闪、机器轰鸣、火花四溅中加深观众对科技成果的体验。这里可供观众自由摆弄的展品和模型共有四千多件，并有一批技术专家随时检修损坏了的展品。

慕尼黑的这座博物馆的特色，使它成为一个富有生命力的博物馆。中小学生把它作为一个巨大的校外课堂和实验室；不论是物理学中的力学、光学、声学、电学，还是化学学中的有机物、无机物，或是其他各类学科的定理、原理、命题，在课堂上花几小时、几十小时才能弄清楚的问题，到这里，既观察，又动手操作，一下子就明白了。大学生、研究生和学者还可以在这里听学术报告，进行研究、讨论，并利用这个博物馆的 53 万册科技藏书和全世界 2300 种科技杂志，解决他们研究课题所需要的资料、信息。它不仅吸引大量一般观众，也吸引大批学者专家，就因为它是一个活的、不受传统约束的生机勃勃的大博物馆。

本篇简介
Benpian
Jianjie

该馆拥有丰富的藏品。向人们展示 40 亿年来地球的变迁和各种生命形态的物化。

森根堡自然博物馆（德国）

建立在法兰克福市的森根堡自然博物馆是德国最大的自然博物馆，也是世界上最著名的一流博物馆之一。

1763 年，以德国著名的医生和大慈善家森根堡的遗产建立了森根堡基金会，用来促进科学的发展。1815 年，德国最伟大的诗人和文学家歌德回到他的出生地法兰克福探访时，参观了森根堡基金会，并首先提出创建森根堡自然协会的倡议。1817 年 11 月 22 日，法兰克福的 17 位自由公民自发地组成了民间性的森根堡自然研究协会，靠私人的捐款开展起各种活动。1818 年，协会开始筹建博物馆。贝特曼在这一年一次就捐赠了 3000 古尔盾金币，并在随后的年代中每年都向协会捐赠相当数量的款项。1883 年，包什将高达 80 万马克的遗产捐赠给森根堡自然研究协会。此外，还有许多人向森根堡博物馆捐赠了许多稀世珍贵的私人收藏品作为展品。

在创始后的 100 多年里，森根堡自然研究协会的工作人员都是自愿组成的。直到 1901 年，才有 1 人开始得到政府津贴；到 1950 年，领政府工资的工作人员也才只有 10 人。森根堡博物馆的发展与所有这些工作人员对自然科学的执着热爱和无私奉献是密不可分的。第二次世界大战晚期，德国遭受了严重的创伤，许多城市被炸成了废墟，森根堡自然研究协会的十几位会员自发地将博物馆的藏品转移隐蔽起来，最终使 100 多年来收集的馆藏被完整地保存了下来。

　　森根堡自然研究协会创始之初只有 17 名会员，现在的会员已经发展到 4500 人，此外还有大量的通讯会员和荣誉会员，其中包括歌德、达尔文、居维叶、黑格尔等许多世界著名的诗人、科学家和哲学家。最令他们骄傲的是，魏格纳关于大陆漂移学说的第一个学术报告就是在森根堡自然博物馆里作的。大陆漂移学说对地质学界的革命性作用就像爱因斯坦的相对论在物理学界中的重要作用一样具有深远的影响。

　　森根堡自然博物馆从世界各地收集的动植物标本、古生物化石标本和矿物岩石标本有数百万件，许多馆藏都是稀世之宝。其中的古生物展品非常丰富，包括各种古鱼类、恐龙、鱼龙、翼龙、始祖鸟和哺乳动物等各种门类。博物馆中的陈列也非常讲究，例如其中的象类展厅，以各种古象的臼齿化石为实证反映了象类的起源与演化关系，然后以这些象类化石为依据形象地绘制出象类在整个地球上发展、散布和演化的过程图，给观众以直观的印象，最后将几种大象的骨架和同等大小的复原模型与现代鲸鱼的巨大骨架陈列在一起，使观众感受到生物界大千世界里各种生物"万类霜天竞自由"般的奇异。

奥地利盔甲博物馆（奥地利）

　　格拉茨市是现代奥地利的第二大都市，位于奥地利和匈牙利的边境。该市在中世纪时是奥地利向南用兵的中枢、转运站和边防重地，市区的 Zeughaus（德语军械库之意）就是中世纪时奥地利对土耳其军作战用的武器库，其建筑物本身于 1642 年建成，现仍藏有近 3 万件以上的甲胄和冷兵器，是一所规模相当大的中世纪武器和甲胄的博物馆。

　　馆内第一层主要存放各式轻重火器、一些步兵用的黑色铁制胸甲和轻骑兵用的甲胄。此层楼内大量存放的各式火枪包括火绳枪、燧发枪、轮发发火机枪等。

　　火绳枪最早于 15 世纪初出现于欧洲，早期是发射石弹，后来改发射铅弹或铁弹，是一种从枪口用木制通条装填弹药、再用火绳点火发射的火枪，口径通常在 23 毫米以内，重 8 至 10 千克，弹丸重约 9 克，射程则在 150～250 米。

　　燧发枪于 17 世纪末开始出现。与火绳枪相比，燧发枪用燧石枪机点燃装药，发射速度较快，口径小、重量轻且后坐力小，口径约在 20 毫米以下，带刺刀时全重 5～5.5 千克，弹丸重 32 克。燧石枪机上的火镰同时又是火门的盖，枪托的弯曲度较大，便于瞄准和提高射击精度。

　　第二层和第三层存放步兵、轻骑兵和重装骑兵的甲胄。甲胄主要

是由胸甲、头盔、叶片甲、金甲、脸甲和颈甲组成。胸甲可保护士兵的胸、避免受冷兵器和火器的杀伤，以胸板和背板组成，上面用环扣和铰链连接，下面用皮带系紧。胸甲有时有压制的花纹或镶嵌着饰物，但通常只有军官和贵族阶级才有特权在胸甲上雕刻花纹，而且花纹和饰物多寡皆按阶级而定。胸甲重量约在6～10千克，厚1～3毫米。

第四层主要存放冷兵器，除了其中一部分冷兵器是来自历次战役中土耳军遗留在战场上的战利品外，其余均是奥地利产的冷兵器。

冷兵器一般构造都很简单，通常用于白刃战斗。按其使用特点，可分为打击兵器如狼牙棒、流星锤；刺杀兵器如剑、长矛、长枪、刺刀等；砍劈兵器如战斧、钺、镰等；以及两用刺劈或劈刺兵器如军刀、戟、马刀等。

·走进世界著名博物馆·
100

奥地利美景宫美术馆（奥地利）

美景宫又根据其音译被翻译成百乐宫。Belvedere 这个拉丁文名字原意为美丽景色的意思。美景宫是维也纳最著名的巴洛克宫殿之一。与霍夫堡及美泉宫不同的是，兴建这所宫殿的主人并不是皇帝，而是一名军事元帅。他的名字叫萨福伊的欧根亲王。

欧根亲王在奥地利历史上是一位举足轻重的人物。他原籍法国，因为个子矮小，被法国军队拒绝入伍。1683 年，欧根亲王加入哈布斯堡王朝的军队，作一名往返于前线和皇宫之间的通讯兵。这一年，奥斯曼帝国的土耳其士兵卷土重来，又一次把维也纳市包围得水泄不通。年仅20 岁的欧根亲王参加了解放维也纳的决一死战，并且表现出惊人的果敢和聪慧。10 年之后，欧根亲王被封为元帅，1697 年，欧根亲王在和土耳其人的较量中，奠定了自己在军中的统帅地位。之后，欧根亲王无论是在西班牙皇位继承战中还是在和法国路易十四的谈判中，都为哈布斯堡王朝立下了汗马功劳。在 1714 年至 1718 年的土耳其战争中，老练的元帅一直把土耳其人打到巴尔干的贝尔格莱德。欧根亲王曾经服务于哈布斯堡的三朝皇帝，为哈布斯堡王朝建立日不落帝国立下了不可磨灭的功勋。

欧根亲王不仅是一位政治家和军事家，同时对科学和艺术总是持宽容和扶持的态度。1700 年，欧根亲王在皇帝赐给他的土地上，责成鲁卡斯·冯·希尔德布兰特以凡尔赛宫为蓝图，为他建造夏宫。这座美景宫的建造历时 24 年。根据自下而上的地势，希尔德布兰特共设计了两座宫殿，其中下美景宫是供欧根亲王自己起居用的，竣工于 1716 年。上美景宫的落成典礼在 1724 年，是欧根亲王迎宾设宴的场所。就在建造夏宫时，欧根亲王仍然念念不忘他是一个军事首领。美景宫的地址本身就在 1683 年土耳其人进军维也纳的军事要地上。在上美景宫的设计中，欧根亲王又把自己的司令部、兵营和哨所等象征性地设计到宫殿的屋顶上去。连接上下两个美景宫的，是一座华丽的花园。对称设计的梯阶和轴向设置的喷泉水池被草地和树木所环绕。喷泉中的海神塑像和巴洛克的斯芬克斯雕像把游客带进一个奇幻的世界。站在上美景宫远眺内城，维也纳市内建筑和维也纳森林交相辉映，构成一片独一无二的美丽景色。宫殿竣工时，正是欧根亲王红透半边天之时，其建筑之壮丽、艺术收藏之丰富艳惊维也纳。据说，欧根亲王其貌不扬，为了弥补丑陋长相的自卑心理，他要求工匠把太阳神阿波罗的形象加诸在他的画像里。另外，他也大量收集欧洲艺术精品来装饰美景宫。

如今，下美景宫是中世纪艺术和巴洛克美术馆。上美景宫是 19 和 20 世纪美术馆。最受欢迎的馆藏就是克林姆的作品，而其中最著名的当然是"吻"。"吻"画面中的男女主角，在瘦骨嶙峋的躯壳外，包裹着仿若珠宝镶嵌的璀璨长袍，享受片刻的欢愉激情，但画面中却未有甜蜜温馨的恋人情愫，反倒是隐隐地呈现出危机与诡谲的紧张气氛。克林姆利用情欲的主题来诉说当时人们的疏离与价值，并反对当时保守右派的权威，将人真实的"情欲"表露无遗，对"情色"加以歌颂，或许是对当时的反动与挑战。这位如今被誉为画坛性感大师的克林姆，在 19 世纪末却不容于当时的社会、舆论，甚至被许多学院派画家，将他的作品指控为"色情画"，而最知名的"吻"就是其中一例。

摩纳哥海洋博物馆（摩纳哥）

在法国东南部的地中海沿岸，有一个小海湾，全部面积只有近 1.5 平方千米，然而世界上许多人对这个小海湾却不陌生，因为它的名字叫"摩纳哥"。摩纳哥是欧洲四个袖珍国之一，有世界最著名的大赌场。和它的赌场一样吸引着世界游客的还有一个全世界最早最大的海洋博物馆。

摩纳哥海洋博物馆矗立在临海的断崖上，整个建筑物长 100 米，宽 87 米，连同地下室共有 3 层，白色的大楼巧妙地镶嵌在巨大的岩石之间，仿佛从岩石中长出来的一样。这座巍峨壮丽的大楼，是摩纳哥仅次于大赌场的第二大名胜。白色大楼面向城市，二楼正面是用整块石雕刻的白色石柱，石柱之间雕刻着世界各国为海洋科学

摩纳哥海洋博物馆

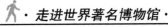

做出过贡献的考察船的名字。海洋博物馆的创建者是摩纳哥国王阿尔贝特一世。他进行航海考察用过的两艘快艇——"燕子号"和"艾丽莎一世号"的名字也刻在这里。阿尔贝特一生酷爱海洋，从18岁时就开始了航海生涯。他的一生大部分是在海上度过的。他搜集了大量海洋动物和海藻标本，为筹建海洋博物馆打下了坚实的基础。现在，他那记述探险经历的珍贵手稿也陈列在这所博物馆里。

1910年，摩纳哥海洋博物馆正式建成开放，从此吸引了无数观光者。这座宏伟壮丽、别具一格的大厦里的一切，都会使参观者想到海洋。大门正面和门楣上方雕刻着神话里的人鱼公主和海神、海兽及海龟的形象。入门处是阿尔贝特一世站在快艇上乘风破浪的塑像。正厅近面的墙上镶嵌着一块巨大的玻璃，透过它，可以看到水天一色、浩渺无边的地中海。

这里最能引起参观者浓厚兴趣的是海洋动物陈列厅。各种海兽和海龟的骨骼标本排满了大厅。大厅正中耸立着最凶猛的抹香鲸和逆戟鲸的巨大骨架。两旁的大陈列架上，摆着许多玻璃缸，里面是浅海动物标本，如虾、蟹、海星、海参、牡蛎、海葵等，还有一种非常有趣的鱼叫"海公鸡"。海公鸡的形状与陆地上的公鸡完全不一样，因为它的叫声远远听上去就像一只公鸡啼鸣似的，因此人们给它起名为"海公鸡"。在这间陈列厅的墙上，还有一个卵形的鱼叫"翻车鱼"，它的身体接近圆形，两侧有鳍，主要生活在热带海洋中。人们在这里还可以看到许多奇怪的海洋动物。

在海洋器具陈列厅里，陈列着海洋学家们研究海洋的各种仪器和用具，以及各种捕捞工具。捕获浮游生物的小网用比头发丝还细的线编成，看上去晶莹闪亮，仿佛用玻璃制成的，巧妙奇特得让人难以想象。这里还有两个密封的香槟酒瓶，系在一条0.5米长的绳子两端，其中一个装着一些沙作测锤用，另一个是空瓶，飘浮在水面上，这就是海洋科学家们在研究海洋时所用的浮子。

在海洋器具陈列厅里，还展出了许多其他现代海洋地理学方面应用的仪器和设备，如水位自动仪和水波流动自记仪等。通过这些展品，观众可以了解到近百年来海洋科学迅速发展的过程。在海洋物理和海洋化学陈列厅里，则可以看到用直观方法展示的不同深度条件下水的特性、水的温度、水压和气体状态，以及地球上各大海洋的立体模型。

博物馆的东大厅是实用海洋厅。这里的玻璃柜里陈列着从各个海洋捕获的有经济价值的鱼类的制品，如海兽和海鸟的肉，鳕鱼油、鲸鱼油、蟹、软体动物油，工业生产用的脂肪、各种化学制剂，以及农业上用的鱼肥和饲料鱼粉等。

博物馆的二楼陈列厅里，陈列着各种各样的海船模型。

博物馆地下室水族陈列室里放着大大小小的鱼缸，每只缸里都有一条海洋中的动物。这些动物形状各异，色彩不一，千奇百怪。在一个大玻璃柜中养着一条大章鱼，它有8只长长的腕足，上面满是吸盘，硕大的身躯像一只口袋，一双眼睛跟人眼似的，炯炯发光，嘴是角质的，就像鹦鹉的喙，可怕极了。还有一个玻璃缸里养着一条1.5米长的海鳝，龇牙咧嘴，露出几百颗锐利的毒牙。这里还有从亚速尔群岛运来的玳瑁，还有海葵和海百合。它们飘浮在水里，花瓣悠悠荡荡，时开时合。至于那众多色彩绚丽的观赏鱼类更是光怪陆离，让人流连忘返。

在这个博物馆里，人们不仅处处能看到与海洋有关的一切，嗅到海水独特的气息，而且还可以学到丰富的海洋知识。

土耳其和伊斯兰艺术博物馆 （土耳其）

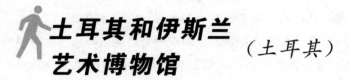

土耳其和伊斯兰艺术博物馆是首家全面覆盖土耳其和伊斯兰艺术作品的土耳其博物馆，于19世纪末期开始筹备工作，到了1913年全部完工，并对外开放。这家博物馆曾用名"艾卡夫－伊斯兰米耶－姆瑟西"（伊斯兰基金会博物馆），在共和国宣告成立后改名为"土耳其和伊斯兰艺术博物馆"。

1983年，这家博物馆从救济所搬迁至易卜拉欣帕夏宫。易卜拉欣帕夏宫是16世纪奥斯曼民用建筑最重要的代表性建筑，也是具有历史意义的赛马场所（它的历史可以追溯到罗马时代）。这座宫殿确切的建造目的和建造时间仍是个谜。1520年，它由在位长达13年的苏莱曼一世（立法者）苏丹赠送给易卜拉欣帕夏。

据历史记载，易卜拉欣帕夏宫比托普卡帕宫规模更宏伟，也更加华丽壮观，曾是众多皇室婚礼、盛宴、庆典的举行场所，同时也是叛乱、骚动发生之地。在1536年易卜拉欣帕夏去世以后，它就被称作易卜拉欣帕夏宫。这座宫殿也曾被其他国家元老使用，充当过兵营、大使馆、登记所、禁卫军团驻扎营、制衣工场和监狱。

和其他大部分用木头建造的奥斯曼民用建筑相比，这座周围环绕着四座大庭院的宫殿是用石头建造的，因此它能够保存至今。1966年到1983年期间，它被重新整修，被用作为土耳其和伊斯兰艺术博物馆的

土耳其和伊斯兰艺术博物馆

所在地，从而焕发出新的生命。用作博物馆部分的主要是宫殿中宏伟的礼仪大厅和大厅周围的第二庭院。同时，这座礼仪大厅也是这座奥斯曼宫殿模型制作的主要部分，是西方艺术家影像版画和桌面的主题。

1984 年，土耳其和伊斯兰艺术博物馆在欧理会举办的年度博物馆竞赛中被授予特别评审奖，同时因为它对如何让儿童热爱文化遗产做出了非常有价值的研究，欧理会和联合国教科文组织也颁发给它一份奖金。

作为世界上最重要的博物馆之一的土耳其和伊斯兰艺术博物馆几乎拥有伊斯兰所有时代和所有不同种类的艺术作品，馆中此类艺术品的收藏数量已经超过了 4 万件。

这个世界上地毯作品收藏最丰富的展区，拥有相当独特的重要性，以至于这座博物馆在很长时间里以"地毯博物馆"著称。这座博物馆不

仅收藏有最丰富的土耳其地毯，而且包括世界各地的地毯。除了珍贵的塞尔柱地毯，这个展区最有价值的收藏品还包括属于15世纪的祷告坐垫、印有动物形象的地毯，还有15～17世纪在安那托利亚地区生产的地毯，西方人受这些地毯上的几何图案和笔墨的启发，称之为"赫尔拜因地毯"。

土耳其和伊斯兰艺术博物馆的地毯收藏品中后来又增添了伊朗和高加索地毯以及著名的乌沙克和宫廷地毯，从而变得更加丰富。因此，任何对地毯艺术开展严肃调查的研究人员，都必须参考这里的资料。

土耳其和伊斯兰艺术博物馆手写稿展区收藏的大部分作品就是《古兰经》。从7世纪以来，这部《古兰经》是从伊斯兰教传播的广大区域里慢慢收集整理起来的。这是一部分极其稀有珍贵的收藏品，在这里可以欣赏到所有艾美伊、阿巴斯、埃及、叙利亚吐鲁诺古拉、法提米、艾于比、梅鲁克、默格尔、图尔门、塞尔柱、提姆利、萨法伊、卡喀尔、安那托利亚公国和奥斯曼的书法艺术作品。

除《古兰经》以外，在手写稿作品中还有另外一些著作，它们的主题非常多样化（有些带图片），而且它们的写作风格和封皮也十分吸引人们的注意力。

帝国法令、带有奥斯曼苏丹署名的委任状，以及件件都是艺术精品的苏丹署名的土耳其和伊朗的微型作品，都使得土耳其和伊斯兰艺术博物馆成为世界上最重要的博物馆之一。

木头工艺品展区除了从安那托利亚塞尔柱王朝和公国保存下来的独特作品之外，有趣的艺术作品还包括奥斯曼时代镶嵌有珍珠、象牙和龟甲的木头工艺品、独特的镶嵌艺术样品、部分《古兰经》的收藏盒、阅书架和抽屉等。

石头工艺品展区里汇聚了一批属于艾美伊、阿巴斯、梅鲁克、塞尔柱和奥斯曼时代的带有题字的石头工艺品，其中一些带有图案花纹，还有一些带有人物和动物形象。塞尔柱时代最独特的石艺精品、绘有狩猎场面和一些斯芬克斯、格里芬、龙等寓言动物的墓碑、用各种奥斯曼书法设计方法刻成的碑铭，无论在艺术质量和作品数量上都具有重要意义。

陶瓷和玻璃工艺展区里的大部分作品都是 1908～1914 年期间考古挖掘中发现的陶瓷作品，其中来自萨马拉、帕卡、特哈勒和坎桑地区的作品位于展区前列。

在土耳其和伊斯兰艺术博物馆的收藏品里，可以发现伊斯兰早期陶瓷艺术发展的不同阶段。该收藏品中还有一大部分作品是属于安那托利亚公国和塞尔柱时代的马赛克镶嵌图、壁龛、墙上的玻璃砖瓦、科尼亚—科克卡斯兰宫殿的石膏装饰物。奥斯曼玻璃砖瓦和陶瓷艺术品中的最后部分是接近屈塔希亚和查纳卡莱时代的陶器。

玻璃工艺品展区首先展出了公元 9 世纪的伊斯兰玻璃工艺品，此外还包括公元 15 世纪的梅鲁克蜡烛和奥斯曼时代的玻璃艺术品。

金属工艺品展区里，最先展出的就是属于塞尔柱帝国的那些别具一格的作品。该展区收藏的一大部分作品分别是研钵、香炉、大口水罐、镜子、迪拉姆、慈乌鲁清真寺的门环。此外还有 14 世纪装饰有星座和行星符号的枝状烛台。这些烛台在伊斯兰金属工艺中具有相当重要的地位。

所有 16～19 世纪的奥斯曼金属工艺品还包括银饰章、黄铜饰章、（戴宝石装饰的）的铜锌合金饰章、蜡烛、香水瓶、香炉和洗衣盆。

民俗展区展出的是博物馆中年代最晚的艺术作品，其中包括从安那托利亚各个地区收集到的基里姆地毯织机、羊绒着色技巧、大众编织和装饰艺术样品、地方流行服饰、家用物品、手工艺品及其制作工具，还有牧民的帐篷，都陈列在属于自己的展窗里。

瑞士钟表博物馆（瑞士）

　　在被誉为"世界花园"的瑞士，有一座享有盛名的城市，那就是坐落于日内瓦湖西南岸的日内瓦城。它那宽敞洁净的林荫大道，新鲜清新的空气，未受污染的自然环境，到处碧草茸茸，繁荣似锦，令人心旷神怡，吸引了无数的游人。在旧城附近，有一座普普通通的二层小楼，这里就是世界闻名的钟表博物馆。它成立于1972年，虽然仅有30多年的历史，然而馆中陈列的却是已经走了500多年、记载着瑞士人民钟表制造业历史的钟表珍品。

　　瑞士以生产精致、准确的高级机械手表而闻名于世，可以说世界上没有任何一个国家没有瑞士手表。即使在国际竞争激烈、电子手表满天飞的今天，瑞士的钟表生产仍然居世界第一位，占世界钟表总生产量的40%。瑞士人曾骄傲地说："瑞士表有钱的人才买得起，也只有瑞士人才做得出来。"1979年，瑞士生产了一只高级表，表上装有数颗同样大小、同样纯度、同样颜色、共重30克拉的钻石。据说为了获得这些钻石，工人加工处理了数百万吨金刚石矿石，整个制作过程耗6000工时。在当时，这只手表已价值300万美元，创造了世界钟表售价的最高纪录。

　　瑞士的钟表产地主要在日内瓦。日内瓦工人中有一半以上的人从事钟表业。日内瓦人很为自己的传统工业而自豪。城中处处可以看到这个作为钟表城市的鲜明特色。当你走在日内瓦那整洁如洗的街头时，那一个个争奇斗艳的大花坛使你的眼光会不由自主地回视到自己戴的手表上对一对时间。因为那一个个诱人的花坛原来是一只只由花草砌成的大花钟！茸茸的碧草是大钟的钟面，美丽的花簇组成了 12 个阿拉伯数字或罗马数字，直径约 4.5 米，指针约 2 米长，不论是骄阳下还是风雨中，巨大的指针一刻不停地走动着。

在钟表博物馆里，有大型挂钟、座钟，还有挂表、手表和小钟。一座 300 年前制造的挂钟，虽然经历了几百年的沧桑，但至今仍顽强地走着；一座 1700 年制造的木质挂钟，丝毫不因自己的古老、粗陋而自卑，而是倔强地一分一秒地表现着自己；一座已有二百九十多年历史的铁制座钟，钟锤虽然锈迹斑斑，但内部机械却经受住了时间的剥蚀，嘀嗒嘀嗒的声响宛如世界上最动听的音乐。

这里还有一只像八音盒的小表，不经意的话，游人会在四周一片钟表的嘀嗒声中走过而弃之不顾。然而这只不起眼的小盒子却是一只异常精致、巧夺天工的手表兼艺术品呢！每到一定时刻，小盒子便会自动打开，一只小鸟跳出来，小小的脑袋先环顾四周，然后拍拍翅膀开始鸣叫，叫声悦耳动听。你闭上眼睛，还以为这真是一只小鸟在快乐地歌唱呢。当观众还沉醉在歌声中时，小鸟跳回盒里，盒子便重新盖上，使观众疑心是在变魔术。像这种既有观赏价值又有实用价值的钟表，博物馆还有许多。有一座小钟，没有指针，表框里只有几个劳动者在干活，其中一个用脚踏机器，双腿在协调的运动；一个用手在不停地敲打；还有一个用胳膊在努力地拉拽。每个人的动作都节奏鲜明，正好合着嘀嗒嘀嗒的声响，真是绝妙已极，令人叹为观止。最能体现瑞士人智慧和高超精密水平的，还在于这些钟表经过人们不断的精密调整，虽然几百年的时光流逝，至今仍走得一分不差。

在钟表博物馆里，还挂有不少钟表匠的画像，让每个到馆里来参观的人都能一睹他们的相貌，向这些耗尽自己毕生精力、智慧与心血、为人类创造宝贵财富的人表示一番敬意。为人们提供时间的人是不会被人们忘记的。

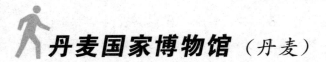

丹麦国家博物馆（丹麦）

　　丹麦最大的文化历史博物馆，在哥本哈根市中心，1807 年 5 月 22 日建，属丹麦古物保管委员会管理。

　　该馆设在 1744 年建的洛可可式宫殿内，20 世纪 30 年代曾部分扩建，50 年代博物馆的部分机构搬迁到哥本哈根市郊区的布雷泽丹麦国家博物馆，并在全国各地还管理有城堡教堂、寺院以及乡村建筑、北欧海盗时代的遗址、遗迹等。

　　该馆的陈列有丹麦史前史部分，展出从冰河末期丹麦出现人类时到北欧海盗时代为止 1.5 万年间丹麦的文物。丹麦中世纪部分，展出自基督教在丹麦取得胜利到君主专制政体的传入时期的文物。丹麦民间馆，展出 17 世纪以来农民和中上层阶级不同时期的家庭室内设备、陈设和服饰。人种史部分，展出除欧洲外几乎所有国家的民族、民俗文物。东方和传统古物部分，展出埃及、巴比伦、希腊、罗马的文物。皇家硬币和奖章陈列室，创建于国王腓特烈三世时期，以后历代国王都予以充实。

　　该馆的自然科学部，承担确定文化的历史阶段和出土文物的年代，研究史前人类与自然的相互关系，附设碳 14 实验室。海洋考古学部，从事探测、调查古代失事的船只及船上物品。保管部，保证藏品保管环境的稳定，帮助修复古代教堂，对兄弟单位提供有关文物保管的咨询。资料部，安排专门展览，进行社会教育工作。文献中心，通过电子计算机，储存、管理全馆藏品，也是全国考古、历史文物和遗址方面的资料中心。

丹麦国家博物馆还有两个分馆。里伯露天博物馆，占地 35 万平方米，迁建 40 座古老的、不同类型的乡村建筑，再现了农民生活条件和环境的真实图景。丹麦 1940～1945 年抵抗运动博物馆，反映丹麦人民反法西斯的英勇斗争，平均每年举办 15 个专题展览，1986 年观众曾达到 100 万人次，免费参观，星期日实行免费导游。

丹麦国家博物馆出版的期刊和丛书有《人种史丛书》、《考古历史丛书》、《博物馆技术研究》等。

挪威维京博物馆（挪威）

挪威维京博物馆是比格半岛最受欢迎的观光胜地之一，是斯堪的纳维亚国家中最受欢迎的海盗文化宝库之一。展品均是从奥斯陆峡湾地区维京人墓穴中发现的，其中最为壮观的是两艘世界上保护得最好的建于公元 9 世纪的木制海盗船。除海盗船外，还展示着有关海盗的资料。

科克斯塔德号是一艘相当大的海盗船，据推测为 9 世纪时海盗头目所有，细长优雅的线条充满速度感，且能长久的航行，排水量大，故当年能雄霸于北海及大西洋，1883 年成功地航行于挪威与美洲大陆之间的船只，都是依此船建造的。优雅华丽的海盗船——奥塞贝丽号的船主是 9 世纪的奥沙女王，因此充满女性般优雅细腻的装饰及雕刻。奥沙女王去世时，此船与女王平时所用的杂物及一名女婢一同陪葬。在左手边为杜内号 Tune 海盗船，1867 年出土时仅存其船底部分。现仍完整保持出土时的模样。杜内号与科克斯塔德号一样，皆能长久航行，并可作为战船使用。

博物馆中还展示了维京人的许多出土用品，包括马车、炊具等，游人可根据它们遥想"海盗岁月"。

1913 年由阿恩斯坦·阿纳博格设计的挪威维京博物馆内存放着 3 艘巨大的 8～10 世纪的"奥斯堡"号、"高克斯塔"号和"图内"号维京古船（俗称海盗船）。船长 23.3 米的"高克斯塔"号海盗船是 1880 年在桑德菲尤尔市同名的农场挖掘出来的；船长 21.4 米的"奥斯堡"

号是 1904 年在西弗尔德郡赛姆地区的奥斯堡农场发现的。展馆中的文物还包括 1967 年在东弗尔德郡罗夫瑟地区出土的"图内"号船的残片和 1850～1852 年发现的"博勒"号船上的遗物。所有的这些文物均是海盗时期贵族的陪葬物。它们被埋在墓穴中。墓穴用土墩覆盖着，以保护埋在里面的木器、金属器皿、皮革和纺织制品。

像在古罗马一样，海盗船以桨的多少来划分级别，如有六桨船和四桨船等。大型船如果要求每个水手都人手一桨时，在专业术语中则以横在船上的桨手坐板的数量来确定船的级别。"高克斯塔"号和"奥斯保"号分别为 15 坐板和 16 坐板船。每条坐板上坐两个桨手，另外还有观向员、船长等，所以这种船的定员编制大概在 35 人。由此也可一瞥当年海盗船的规模。那个时代的海盗船，船舵不是安在船尾，而是在右舷。船头有个可拆卸的龙头装饰，因此这种船也被称为"龙船"。当船驶进自己港口时，这种装饰通常要被卸下，以免破坏了友好的气氛。专家一般称这种龙头装饰为"兽头标记"，但不知有什么功能。当然，当敌人在海面地平线上看到庞大的海盗船队的几百个"龙头"浮动时，他们心里的感受是不难想象的。

这些船是用优质木料制造的，反映了古代挪威人卓越的造船技术。海盗船首尾尖细，向上翘起，气势雄伟，造型美观。

不列颠博物馆（英国）

　　英国伦敦不列颠博物馆，中国人习称"大英博物馆"，是收藏世界各国古物最丰富的博物馆。它的藏品，几乎展现了所有文明古国的古代文明。不列颠博物馆建于1753年，是在私人收藏的基础上建立起来的。当时，有一个富裕的英国医生叫汉斯·斯龙爵士。他是英国国王乔治二世的私人医生，又是一位古董爱好者和鉴赏家，一生酷爱收藏文物古

不列颠博物馆

玩。1753年，他在临死的时候，把自己一生所收集的5.3万多件文物赠给了国家。英国议会于是做出决定：筹资兴建一座国家博物馆，来保存和利用这些文物。

1759年1月5日，不列颠博物馆正式对外开放。最初馆址规模很小，是一座两层楼的法国式建筑，原是一座贵族的私人邸宅。随着英国国力进一步强盛，海外殖民地扩大，不列颠博物馆的藏品越来越丰富，其中大部分文物是依靠强力从世界各地掠夺而来的。

1823年，由于藏品的激增，原有的建筑已不能满足收藏、保护及展示的需要了，于是不列颠博物馆决定建立新馆。新馆坐落在伦敦市中心，建筑华美而壮观，正面耸立着典型的希腊爱尔尼亚式立柱，石柱托起巨大的山墙，上面装饰着精美的浮雕，气势雄伟。博物馆主要部分占地约12英亩，主要建筑面积10万平方米。

不列颠博物馆全部藏品可分为5个展示区。

第一展示区主要展示西亚和埃及文物，是两地古代文明发展史的一个缩影。走进展示厅，首先映入眼帘的是古代亚述王宫的巨幅浮雕，有的反映战争场景，有的是猎狮场景，有的描绘国王的事迹，生动地反映当时西亚人的社会生活。在古埃及部里，收藏着7万余件古埃及文物。那些怪诞的人兽石雕，一具具装饰有各种图案的法老棺椁和木乃伊，以及壁画、碑文和镌刻的石器器皿等，其数量和精美程度，除开罗的埃及博物馆外，再没有能与之相比者。

第二展示区是古希腊、罗马文物室。希腊、罗马是欧洲文化的摇篮。英国依靠强大的实力，掠夺了大批古希腊的稀世文物。这些物品构成了不列颠博物馆的"镇馆之宝"。这里藏有古希腊著名雕刻家菲底亚斯、史柯巴斯等人的绝世之作，也有陶制偶像及精制器皿，还有古罗马形态各异的青铜雕像。一组古代雅典卫城帕提农神庙中的雕刻，其精美无与伦比，是该馆花3.5万英镑买来的。

第三展区展示的主要是英国史前、古代及中古时期的文化遗物。这些遗物体现了英国文化的发展源流。

第四展示区是东方文物展示室，也是博物馆里最引人注目的地方。该展区有来自中国、日本、印度以及其他中南亚国家的文物10多万件。仅来自中国的历代稀世珍宝就达2万多件，其中绝大多数为无价之宝。中国展厅的展品是按历史顺序排列的。从远古时期的石器，6000多年前的半坡村红陶碗及尖足罐，新石器时代的大琮、大刀、玉斧，商周时期构图优美、工艺精湛的青铜尊、鼎，到秦汉时代的铜镜、陶器、漆器、铁剑，六朝时代的金铜佛，隋代白色大理石立佛像，唐代的三彩瓷器和宋、元、明、清各代的瓷器及各式金玉制品。更重要的还数东晋画家顾恺之的《女史箴图》，是一件仅存的稀世珍品。真可谓门类齐全，无所不包，而且都是具有代表性的文物。此外，这里还展有中国历代铜币、丝绸、绘画、珐琅雕塑、书稿。就连博物馆后门的两座大石狮子也是从中国运去的。英国殖民者马克·奥里尔·斯坦因从中国夺去的大批敦煌经卷、佛教艺术珍品也都收藏在这里。另外，这里还有两件印度和

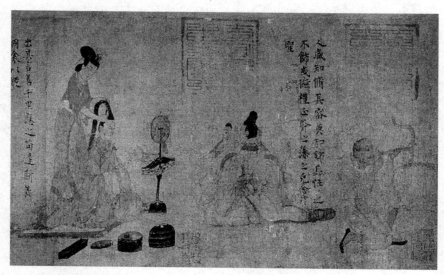

女史箴图

南亚地区的佛教作品相当著名,一件是"阿马拉瓦底的浮雕",一件是"贝玛南的舍利容器"。

第五展示区为珍宝室,藏有许多英国人特别喜爱的文物。最初一批文物是由汉斯·史隆所捐赠的善本书、钱币、纪念章和陶艺品等,以后博物馆又从各处收集了大批金银、珠宝以及镶嵌工艺品等,因而称为"各色各样的搜集品"。珍宝室中收藏的一批古代地图称得上是稀世珍宝。博物馆中藏有一幅"萨尔达的世界地图",这是一幅中世纪时期的作品。在这幅地图上,整个世界被描绘成一个规则的圆盘形,以耶路撒冷为世界的中心,地中海位于中下部,而真正的东方则被绘于上方。

被英国人称为第一号珍宝的是"罗塞达石碑",陈列于博物馆最底层的显著位置上。这是一块黑色玄武岩石碑,长约 1.07 米,宽约 0.76 米,厚约 0.3 米,被发现于拿破仑远征埃及时。"额尔金大理石"也是该馆的镇馆之宝,是从希腊帕提农神殿上取下来的大理石雕刻品。这些雕刻品是希腊著名雕刻大师菲底亚斯唯一传世的作品,相当珍贵。

不列颠博物馆的藏书在世界上久负盛名。该馆藏书数以千万册,有大量英国和世界的经典文献、书籍、手稿、档案等,不少是仅有的珍本,如 1215 年的英国《大宪章》、莎士比亚手签的一份抵押契,以及《艾丽思漫游奇境记》的手稿等。除英文外,还有阿拉伯文、波斯文、土耳其文、梵文、印地文、蒙文和中文等多种文字书籍。仅中国书刊就达六万多种。据说,不列颠博物馆每年要设 6 千米长的书架,方能容纳从世界各国源源而来的图书。1973 年,原属不列颠博物馆的图书馆已与其他图书馆合并,改为独立的不列颠图书馆。

不列颠图书馆有一个圆形屋顶的大阅览室。历史上许多学者、名流、政治活动家都曾光顾这里,博览群书,进行研究和写作。伟大的无产阶级革命家卡尔·马克思移居伦敦后，数十年如一日，从不间断，以至从他的座位到书架之间用双脚踏出一条清晰的履痕，最终完成了不朽的名著《资本论》。至今，在 1874 年 3 月 26 日借阅登记簿上，仍留有马克思亲笔写下的苍劲有力的签名。孙中山先生 1896 年在伦敦停留的 9 个月中，几乎每天都到不列颠博物馆来研读，这对他的思想起到了重要的影响。

现在，不列颠博物馆中除图书馆独立出去之外，还单独成立了自然历史博物馆和人类博物馆，因为博物馆的空间已容纳不下收藏的文物。

不列颠博物馆整日免费开放，任凭参观。这里无愧是认识人类社会文明的良好课堂。

维多利亚皇家博物馆（英国）

　　维多利亚皇家博物馆是世界上最早创立、规模最大的装饰艺术博物馆，与大英博物馆享有同等的声誉。维多利亚皇家博物馆，正式名称为"维多利亚与阿尔伯特工艺博物馆"。它位于伦敦市中心出名的毕加特利圆形广场附近，四周被遍布花草绿茵的文教区所包围，这更衬托出博物馆的典雅和雄伟。整个博物馆占地 12 英亩（约 4.86 公顷），仅在南肯辛顿总馆内便有 143 间陈列室，另有各类研究室、图书馆、教室等，规模相当庞大。它还设有许多分馆收藏日益增多的藏品，主要分馆有贝斯纳·格林博物馆、汉姆馆、阿普莱斯馆、欧斯特莱馆。

　　维多利亚皇家博物馆藏品甚丰，约有 70 万～100 万件，其中以工艺品和室内装饰品，尤以反映英国式独特风格的工艺品为主要特色，旁涉其他种类的艺术作品。这些作品，地域广阔，历史久远，千姿百态，令参观者目不暇接。在这里，可以观赏到中世纪精美的金属工艺品、象牙雕刻、织锦画、有名的拉斐尔粉本、意大利的雕像与马嘉利卡陶器、西班牙式的陶器与服装以及 18 世纪的一批法国工艺品，还可以领略到波斯、印度、中国和日本的精美工艺品以及伊斯兰教艺术品；不但可以看到供王室贵族享乐的华丽的器具，还可以领略到体现劳动人民智慧的民间工艺品的朴拙之美，给人一种亲切、折服的感觉。

　　维多利亚皇家博物馆发端于 1851 年在伦敦海德公园举办的万国

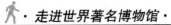

博览会。由维多利亚女王的丈夫阿尔伯特公爵主持举办的万国博览会取得了空前成功，赢利达 18.6 万英磅。他把这一笔赢利用于发展英国文化，于 1852 年购进了万国博览会的展示品，同年 9 月 6 日在马博罗馆正式对外展出。这个馆称为"装饰艺术馆"，开维多利亚皇家博物馆之先河。1855 年，英国政府又拨巨款兴建了收藏这些装饰品的正式博物馆，并于 1857 年 6 月 22 日正式对外开放。

维多利亚皇家博物馆共分 5 个展示区。

第一展示区为室内装饰品区。这一区内主要展示的是室内装饰艺术品，主要包括睡床、生活用具等藏品。这些物品所属时间的跨度很大，从 16 世纪后半叶的伊丽莎白时代开始，一直到英国全盛时期的维多利亚时代，反映出装饰艺术风格和人们审美情趣的变迁与发展，清晰地勾勒出一条艺术手法不断波动的曲线，给人一种历史的联想。该区内最著名的物品要算一架巨大卧床，以外形庞大、奇特而引起人们关注。这架床高 2.75 米、长与宽各 3.35 米，有巨大顶盖及可以垂下的帷幕，如同中国江南乡村风行的旧式床。整个卧床用橡木制成，饰有精美雕刻和镶嵌图案，完全体现了伊丽莎白时代睡床的制作特点。

第二展示区主要展出欧洲工艺品，展示了欧洲自中世纪以来的金属工艺品以及一些著名雕塑绘画等艺术品。其中有王公贵族奢靡的生活用具及装饰物，也有劳动人民日常生活的简单用具。在金属工艺品中，"瓦尼的圣坛十字架"和"巴莱的船型容器"相当引人注目。著名浮雕作品《耶稣升天》也藏于其中。

第三展示区展示的主要是玻璃和陶瓷器皿。维多利亚皇家博物馆是世界上最大的陶瓷器物博物馆。据统计，该博物馆藏有陶瓷器达 15 万件之多。所藏的器皿包括美索不达米亚、埃及、希腊、罗马、英国史前和中南美地区陶器以及世界其他地区的主要陶器。这些造型优美的陶器除给我们美的享受外，同时还向我们展示了欧洲陶瓷艺术发展史以及东西方文化交流情况。

第四展示区为东方艺术品室，其中有回教瓷砖及回教工艺品，还有中国的陶瓷器，印度莫卧尔帝国时期的绘画及诸多的印度佛像。中国文物在该馆就有1万多件，上起史前，下至清末，均有收藏，其中以宋、元后的中国文物为最多，宋瓷占有相当的比重，明清文物占该馆全部中国文物的一半，其中瓷器最多。

第五展示区主要是服装与棉织品。该区内挂着许多壁毯和刺绣品，其中有巨幅"德文郡公爵狩猎图壁毯"和世界上最大的波斯地毯，但最主要的也是最引人注目的要算服装的展示了。该展区收藏的服装基本上是从文艺复兴时代起至现代的服装，从中不仅可以了解欧洲服装发展变化的历史，而且可以了解各时代的风俗人情。

伦敦杜莎夫人蜡像馆（英国）

在雾都伦敦，有一个世界闻名的游览场所——杜莎夫人蜡像馆。

杜莎夫人1761年生于法国，6岁时就开始跟当时的蜡塑大师菲利普·柯蒂斯医生学习制作蜡像，17岁时制作的栩栩如生的启蒙思想家伏尔泰蜡像引起了人们的注意。法国大革命爆发后，她接受了为大革命中被处死的人翻制塑像的任务，成功地塑出了路易十六与王后以及大革命时的领袖罗伯斯庇尔被砍下的头颅，还有马拉等革命人物被杀死的尸体。这些历史的记录就存放在蜡像馆中的"恐怖室"里。

杜莎夫人在1802年离开法国来到英国，带着她塑制的蜡像巡回展出，并取得了为当时英国国王及社会名流塑像的特权。1835年，74岁的杜莎夫人不堪忍受奔波之苦，于是在伦敦市中心的贝克大街筹建了一座规模庞大的蜡像馆。她的后人继承了她的蜡像制作技艺，而且越做越精，内容越来越丰富，蜡像馆也不断扩大，现在它已成为伦敦最受欢迎的博物馆之一，每年吸引着200万来自世界各地的游人前来参观。

在这座蜡像馆里，人们可以亲眼目睹过去只有在书上或电影里见到过的历史人物。如，世界文豪中英俊潇洒的莎士比亚；留着八字胡须、相貌平凡的狄更斯；健壮魁梧的雨果；聪明睿智、身体瘦削的伏尔泰和《白雪公主》的作者安徒生等。

至于英国历史上赫赫有名的女王伊丽莎白一世；使英国成为称霸全球的"日不落帝国"的维多利亚女王；先后结婚六次的英王亨利八世与

他的六位王后；法国国王路易十六的一家；还有法国皇帝拿破仑；美国总统林肯；英国首相丘吉尔等曾经影响世界历史的人物，虽然已离开人世许多年，现在却借助蜡像仍然活着，以各自不同的姿态展现在观众面前。

蜡像馆里还有那些著名的影星、歌星、球星、绘画大师如今也栩栩如生地站在那里。如好莱坞的影星享弗莱·鲍嘉，身着白色礼服，左手拿烟，右手插在衣袋里，以他那著名的沉思表情凝视着前方；风靡了一代又一代影星的玛丽莲·梦露，披着闪闪发光的金发，蔚蓝色的大眼睛仍然妖媚明亮；给无数人带来欢声笑语的电影大师卓别林，拿着手杖，笑吟吟地看着观众。

蜡像馆里还有一些再现某个历史事件及历史瞬间的场景。如伦敦的第一个咖啡馆，一侧有一个1米多高的柜台，另一边是大理石的壁炉，

杜莎夫人蜡像馆藏之一

炉前有两张小桌，几个衣冠楚楚的人正围坐在小桌旁交谈着什么，整个气氛神秘而宁静。有一个场景是英国海军统帅纳尔逊将军正率领舰队与法国、西班牙联合舰队浴血苦战的历史场面：纳尔逊手臂被炸断，浑身鲜血淋淋，但仍坚守岗位，镇静地指挥士兵奋勇作战。

在蜡像馆的二楼，展出当代各国领袖的蜡像。比如英国女王和她的丈夫菲利普亲王；查尔斯王子和新婚打扮的戴安娜王妃；英国首相"铁娘子"玛格丽特·撒切尔夫人；约旦国王侯赛因；毛泽东主席与美国尼克松总统并肩交谈的蜡像及邓小平与里根会晤时的场景等等。这个展厅是随着世界政治风云的变幻而变化的，如果某一国的政治首脑换了，那么他的蜡像就会被搬走而换上继任者的蜡像。

杜莎夫人蜡像馆的蜡像逼真程度被誉为世界第一，是世界上其他蜡像馆不能比拟的。由于蜡像制作技艺的精湛，不少观众到蜡像馆后都觉得扑朔迷离，难辨真假。比如，在蜡像馆的入口处，站立着一位笑容可掬的侍者，许多参观者把他当作真人而向他点头问好，待看到他仍是那副笑吟吟的模样无其他反应时，才恍然大悟这是一座蜡像。蜡像馆的工作人员还采用真真假假的手段，增强展出效果：特意让一些真人穿上过去时代的服装，站立在蜡像之中，观众如果想去抚摸他时，有可能那个"蜡像"会突然讲话，使观众大吃一惊。至于蜡像馆中的一位"睡美人"，更是令人叫绝：她美貌迷人，白嫩的皮肤下似有血液在流动；她闭着双眼，酣睡帐中，让观众疑心是真人装扮，而当观众摸到睡美人的皮肤时才发现没有体温，原来又是蜡像！

英国警察总部博物馆（英国）

英国伦敦警察总部位于伦敦市泰晤士河河畔，是一幢灰色尖顶的高大建筑。四周芳草如茵，楼前喷泉四溅，阳光下闪烁着七彩的光芒，草坪上孩子们在嬉戏耍闹，一幅非常美丽而又和平宁静的图画。然而就在这幅美丽图画的中心，那幢高大的建筑物的地下室里，却有着和这幅图画截然不同的世界，一个充满着血腥、罪恶、凶杀、残忍的世界。这就是世界上著名的英国警察总部博物馆，又叫伦敦苏格兰博物馆。

这个博物馆建于 1879 年。当时，伦敦有一个官员受命专门搜集暴徒、拦路抢劫以及其他歹徒作案的工具。天长日久，他搜集了许许多多这类东西。由于歹徒犯罪手段愈来愈狡猾，这些工具亦愈来愈奇巧复杂，愈来愈名目繁多，仅撬保险柜的工具就有各种各样的板子、凿子、钩子、甚至各种钻头、炸药等等。警察总部对这位官员所收集的东西异常重视，因为它可以识别罪犯的作案手段，帮助警察破案。于是，这个博物馆就诞生了，而且在 100 多年中展品不断增多，形式不断更新。馆藏有投毒罪犯使用过的瓶子；强盗、小偷使用过的器材；内藏毒药的尖刀和公文包等等。每件展品都连着一桩血腥的案件。

在博物馆中，有一只普通的小玻璃瓶，里面装了几颗结石和假牙。这几颗结石和假牙的主人叫多朗·迪孔夫人。她是一个富有的寡妇，后来嫁给一个叫约翰·海的男人。没想到，约翰·海却是一个惨无人道的杀人犯。他利用寡妇害怕寂寞的心理勾引她，然后把她杀掉，吞没她的

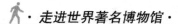

钱财。这个恶棍已经杀害了几个寡妇的性命。他采用的方法是把她们杀死后浸入强酸溶液中毁尸灭迹，所有的尸体都化为云烟而荡然无存。然而当他毁灭多朗·迪孔夫人的尸体时，那几颗坚硬的结石和假牙竟然抵御住了强酸的腐蚀，留下了罪证。约翰·海终于落入法网，结束了其罪恶的一生。

同样的案例还体现在一只老式浴缸上。这只其貌不扬的老式浴缸记载着 20 世纪 30 年代英国报纸上轰动一时的"浴缸艳尸案"。凶手史密斯把和他结婚的新娘——不是一个，而是一个接一个地淹死在浴缸里。如今凶手早已化为泥土，而这只浴缸作为他残忍血腥的见证永远保存在博物馆里。

指纹辨认术可以说是英国警察总部的一大发明。指纹鉴定法是英国人研究出来的。一个人的指纹终身不变，世界上没有两个绝对相同的指纹。根据这一点可以更有效地识别身份，帮助警察确认罪犯。英国人在 1895 年就已开始使用此法。这种方法很快推广到各国刑事当局。在博物馆陈列着一个番茄沙司瓶，旁边有块说明牌，告诉观众瓶上有几个可供辨认的"飞车团"盗匪的指纹。"飞车团"是一伙偷盗集团，撬门开锁，打家劫舍，手段非常高明，而且十分精于掩盖犯罪痕迹，常常烧掉他们曾呆过的房子，使一切痕迹化为乌有，给破案工作带来极大困难。但是有一次这伙强盗把一只番茄司瓶遗忘在未焚毁的房子里，警察通过指纹辨认术，终于查出了罪犯。

在这个博物馆的一间阴森的房间里还陈列着 37 个用黏土从死刑犯脸上印下的面模，分别吊在形式不同的绞刑环上。这些面模是为了验明罪犯正身复制的，是维多利亚时代纽盖特监狱被绞死的囚犯的面模。复制的面模非常逼真，连死刑犯颈上的绞索痕迹都看得清清楚楚。当时有一些罪犯为了逃避法律的制裁，曾花大价钱买替身替自己上绞刑架。因此，如果警方对被处死的囚犯产生怀疑，就要复制一具面模和罪犯的照片对照，以使真正的罪犯漏网。英国警察破获现实社会中奇特复杂的各类杀人案、抢劫案、间谍案、绑架案、伪造案等案件中，显示了高超的侦破技术。当然，在面对丧心病狂的罪犯时，警察不仅需要科学的侦破方法，更需要胆量和牺牲精神。在这个博物馆里，陈列着一件浸透鲜血、弹迹累累的血衣，是警察为维护社会治安而付出生命代价的见证。1974年，在伦敦圣詹姆斯林阴大道上，几个歹徒企图绑架安妮公主，负责保卫的一名警官奋不顾身上前保护，用自己的胸膛挡住了歹徒射来的三颗子弹，身负重伤。这件血衣就是那位警官当时穿的衣服。

博物馆里还陈列着英国历史上最后被处绞刑的女人罗丝·埃里斯的手枪，她用这把手枪杀害了自己的情人；有杀人犯邓尼斯·尼尔森毁掉罪证的烤炉；有署名"大盗杰克"的一张写于1880年9月的明信片，明信片上公开向警察挑衅："我老是听到人说警察抓住我了"；还有一张伪造的珍贵邮票。当人们从这个黑色血腥、令人毛骨悚然的博物馆走到蓝天草地中来，会不由自主地想到：为了社会的安宁，正直的警察们付出了许多许多。

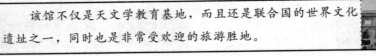
格林尼治天文台博物馆（英国）

在英国泰晤士河畔有一座城市叫格林尼治市。城市并不大，人口也不多，但这个小城却名扬天下，因为这里有座有 300 多年历史的天文台——格林尼治天文台。格林尼治天文台是世界著名的天文台，格林尼

格林尼治天文台

治时间是全世界的标准时间。1675 年，英国皇家天文台建立于此。第二次世界大战后，因为这里污染严重，影响天文观察的效果，天文台迁往东南沿海的赫斯特孟骚。如今，这里已是一个公众参观、了解天文知识的天文博物馆了。

在天文台的地坪上，有一条用红色的石头砌成的线。这就是有名的子午线。1884 年，国际经度会议决定以经过格林尼治天文台的经线为本初子午线。"本初子午线"又叫"首子午线"，是地球上计算经度的起始经线。地球就以这条线划分为东西两个半球。当游人分开双腿跨立在这条线的两边时，那他就同时站立在东西两个半球上了。因此，到格林尼治的游人都十分感兴趣地在此摄影留念。

在天文台的天文陈列馆八角形的观天室里，陈列着格林尼治天文台

本初子午线

初建时的建筑模型，墙上悬挂着英国国王查理二世的油画像以及历任天文台台长的照片。正是查理二世颁布了格林尼治天文台建造的命令。观天室里还陈列着几架老式望远镜。当时的天文学家就用这些望远镜在这间观天室里观察天象。

从观天室出来，进入哈雷廊，入口处挂着哈雷的半身画像。哈雷是英国著名的天文学家，曾经担任过格林尼治天文台台长。他因发现哈雷彗星而名扬世界。在 17 世纪，哈雷首次根据万有引力定律计算出在 1682 年出现的一颗大彗星的轨道，并且预测出它以约 76 年的周期绕太阳运行。于是哈雷预言这颗彗星将于 1759 年初再度出现。1759 年 3 月 13 日，这颗彗星果然回来了，它长长的尾巴，人们用肉眼就可以看见。为了纪念哈雷，这颗周期彗星被命名为"哈雷彗星"。天文馆的哈雷廊正是为了纪念哈雷设的。哈雷廊里陈列着各种观测天体的仪器，其中有一个天体观察仪，可以演示天体运转的情况，并可由观众们自己动手来测定这颗天体的位置。

这个天体陈列馆，还对过去格林尼治天文台台长住室、办公室、卧室、会客室、书房进行原状复原陈列。室内的陈设都比较简单朴素，可以想见天文学家的生活是很简朴的。据说有一位台长曾拒绝英国国王为他增加工资，他说如果台长的钱多了，那么天文台长的位置上可能就不是天文学家了。但台长的每个房间里却都有大量天文书籍，体现出那些成绩卓著的天文学家孜孜不倦的钻研精神。

在一个半球形的建筑物里，安装着那架确定子午线的天文望远镜，地球经线的零点正是从这架望远镜基座的中心穿过。墙上挂着许多电子石英钟，将罗马、巴黎、莫斯科、北京、东京等地的时间显示出来，各国观众一眼便可以看出自己国家的时间和格林尼治时间的差额。

在这个天文台里还陈列有太阳系的模型和各种天文仪器及古代计时器，其中也有几件中国的古老计时器。

卢浮宫博物馆（法国）

法国巴黎塞纳河畔的卢浮宫，是世界知名度最高的一座艺术博物馆。它以其灿烂辉煌的历史、丰富珍贵的文物而著称于世，不仅是法国文化传统的象征，而且也是世界传统文化的代表。"游欧洲，不能不到

卢浮宫

巴黎；游巴黎，不能不到卢浮宫"，已成为一句名言。卢浮宫从 1793 年开放以来，那眩耀人眼的众多珍藏，不知倾倒了多少观众，其魅力征服了所有参观者。卢浮宫建筑本身，是法兰西王朝的历史见证人。13 世纪初，法王菲力浦·奥古斯特下令在一座原皇家大牢的原址上大兴土木。一座古典主义的壮观的城堡古塔，在这座古老的城市中矗立起来了。16 世纪前半期，法兰西斯一世开始把她改建为文艺复兴式的宫殿。后来，又经过亨利四世、路易十三、路易十四和拿破仑三世的屡次改造，完成了卢浮宫的现存建筑。它的总面积达 19.7 万平方米，可展面积达 4.5 万平方米。

卢浮宫的收藏开始于法兰西斯一世。在此之后，这座宫殿的主宰们，又陆续为卢浮宫增添宝藏。一直到路易十四，这位被称为"太阳王"的艺术品收藏癖者，在卢浮宫居住了 17 年，买下了几乎所能买到的所有欧洲各派的名画，如拉斐尔的《巴达萨列·卡斯提尼奥尼肖像》，卡拉瓦乔的《圣母之死》、《卜者》，提香的《戴手套的青年》等。这成了这位"太阳王"名垂青史的不朽业绩。以后，拿破仑用枪炮继续为卢浮宫增加收藏。他把所有被征服国家最好的艺术品都运进了卢浮宫，其中包括拉斐尔的《圣母的婚礼》，乔·凡尼的《圣母哀子像》等。在拿破仑的影响下，法国的外交官、教士、商人继续把搞到手的埃及、希腊、意大利、波斯、巴比仑的文物，塞进卢浮宫里。目前，卢浮宫的藏品总数达到 40 万件。它包括了古埃及、古代东方各国、古希腊、古罗马的文化艺术作品，包括了欧洲中世纪和文艺复兴时期的文化艺术作品，包括了此后法国、意大利、西班牙、荷兰、法国和英国的绘画杰作，充分地体现了人类历史的源远流长，世界文化的光辉灿烂。它由古希腊、罗马艺术馆，古代东方艺术馆，古埃及艺术馆，欧洲中世纪、文艺复兴和近代艺术雕刻馆，历代绘画馆和美术室等 6 个部分组成。每部分都是一个独立的博物馆。在这里，人们可以看到从古到今许多艺术大师的作品，从古埃及、古希腊、古罗马以及波斯帝国等东方文明古国的艺术品，到中世纪文艺复兴时期的代表作，特别是法国古典主义、浪漫主义、印象主义和现代派所有著名大师的作品，几乎全部收藏于此。卢浮官的收藏就是一部活化的艺术史，使人们除了品味其收藏品的艺术魅力外，还获得了丰富的百科知识。

古代东方艺术馆对世界学术界的贡献极大。此室储藏的古物是最多的，达8万多件。古文物主要以两河流域的亚述、苏美尔为中心。这里陈列有珍贵的楔形文字——西亚泥版文书，有著名的"汉漠拉法典"。流连其中，你会领略到古代东方民族那高度的文明和智慧。其丰富的藏品、珍贵的文物为了解早期人类的生活场面，研究人类文明的起源，提供了极为重要的资料。古埃及艺术馆约有古埃及文物3.5万多件，藏品相当丰富，是研究古埃及文明发展史的重要宝库。展室中，神秘的斯芬克斯像端庄地凝视着参观的人群，你会感到历史的深不可测；那些正襟危坐的帝王像，显示了古埃及王者那叱咤风云的神采；从那些神话及宗教遗物中，你能了解古埃及人的宇宙观和道德观；对那些死亡之书和石棺雕刻，你会惊叹古埃及人发达的想象力。这里还有许多反映古埃及人日常生活的艺术品，著名的作品有"书记坐像"及"搬运供品的侍女"等。

希腊、罗马艺术馆，藏品也有3.5万件之多，主要以雕刻及陶瓷工艺品为主。在这里，你可以了解古希腊、罗马雕刻演进的历史，以及古希腊、罗马艺术的精湛。更重要的是，你会领略到古希腊、罗马艺术品中表现出来的内在精神。这种乐观、力量、精巧和现实的思想无不对欧洲文明的形成和发展有着重大的影响。希腊、罗马是欧洲文明的摇篮。

欧洲中世纪文艺复兴时期及近代欧洲的文物，在这一部分藏品众多，共有15万件之多，其中雕刻品有2250多件，素描9万多件，版画4.6万多件。工艺美术室收藏的物品反映了从拜占庭到19世纪的工艺传统，既有中世纪的象牙与珐琅，也有文艺复兴时期的陶瓷及波旁王朝的家具和织锦画。绘画室中囊括了大部分西欧绘画精品，不同历史时期、不同流派的作品汇聚一堂，其中有文艺复兴时期意大利著名大师达·芬奇、拉斐尔和提香等人的作品，也有西班牙画派及北方画派的作品。至于法国绘画的收藏向公众展示了法国绘画史的长河，那斑斓的色彩，深刻的哲理和诸多流派，会把你带入一个神奇的世界，你不但会从中得到美的启迪，而且也能了解绘画所代表的历史风貌。雕刻室收藏了从罗马到近代的雕刻珍品，反映了雕刻的立体美，体现了不同历史时期文化的精神主题，有许多不朽之作，其中有艺术巨匠米开朗基罗的《被缚的奴隶》，有巴洛克艺术代表者贝尼尼的陶塑品《真实》，以及法国著名雕刻家罗丹、卡尔波、吕德等人的作品。面对一件件伟大的作品，人们会产生一种崇高圣洁之情。

卢浮宫有 3 件镇馆之宝，堪称精美绝伦的珍宝，除了其本身的造型及艺术技巧令人赞叹外，还为后世留下了众多不解之谜。

第一件珍品为千古不朽的美女雕像《米罗的维纳斯》。这是一尊大理石雕像，高约 2.14 米，傲然耸立在卢浮宫一楼长廊尽头的

维纳斯

希腊雕刻室中央。《米罗的维纳斯》，据说出自 2000 多年前雕刻巨匠帕克拉西戴尔之手，1820 年，在爱琴海米罗岛被发现。这件端庄典雅而富有残缺美的艺术珍品，是古典艺术最伟大的杰作之一，因发现时双臂已缺，故又名"断臂女神"。后代艺术家们纷纷想象原雕像的双手是怎样的姿态，却始终不得要领。

第二件镇馆之宝是意大利文艺复兴时期著名画家达·芬奇所作的《蒙娜丽莎》，约作于 1503～1505 年。这幅作品以神秘的微笑而著称，被称为世界上最具魅力的古典女性形象。关于《蒙娜丽莎》原型是谁，颇有争议。比较流行的说法是，她是一位佛罗伦萨官员的妻子。也有人认为"蒙娜丽莎"是一个妓女，还有人认为"蒙娜丽莎"是达·芬奇的自画像，只不过是以女性的姿态出现。关于蒙娜丽莎的微笑也是人们争

胜利女神

论颇多的一个问题，她的笑容似喜似嗔，似严肃似哀怨，令人很难揣测。

第三件镇馆之宝是《沙摩特拉的胜利女神》。这是一尊希腊时代的大理石雕像，高 2.75 米。这尊雕像虽然头部已经残缺，但从她仅仅披着一袭"薄纱"的胴体可以看出她那轻盈婀娜的风姿。她的双臂，代之以一双雄鹰的翅膀，似在有力地扑打，作舒展飞翔之姿。她是为纪念一次古代希腊海战中沙摩特拉岛的征服者德米特里大败埃及王托勒密的舰队而制作的刚柔结合的艺术品，雕成于公元前 306 年。

卢浮宫在 20 世纪 80 年代，又开始了大规模的扩建改造工程。总设计人是饮誉全球的华裔建筑师贝聿铭。卢浮宫扩建之后，许多长年不见天日的收藏品，都一一展示在观众面前。

巴黎服装博物馆（法国）

巴黎在世人的心目中，既是艺术之都，又是服装之城。不仅大街小巷随处可见穿戴优雅、新颖的巴黎妇女，而且各国的社会名流都喜欢到巴黎来选购服装。巴黎，多少年以来在世界服装领域中独占鳌头。巴黎服装甚至成了身份、地位、财富的另一个尺度。因此，到巴黎来观光的游客们，除了参观卢浮宫、爬埃菲尔铁塔、游览巴黎圣母院之外，大都忘不了抽出时间去参观巴黎服装博物馆，欣赏设计师们设计的时装。

这座博物馆陈列着自 1735 年至今各阶层人士穿着的各式服装，有将近 4000 套套装，有大约 6 万件 18 世纪至今的各种女装、男装和童装。在 18 世纪馆内陈列着近 100 件女装、近 200 件男装、250 件绣花背心、衬衣和当时的各种附属装饰，比如妇女服装所用的胸花、别针、花边、腰带；绅士们使用的特别精致的手杖，还有巴尔扎克用过的柄上用蓝色石子镶嵌成花朵图案的手杖。博物馆里还收藏有各种男式帽子，其中有一种第二帝国时代的帽子，就像鲸鱼骨架撑起的女式裙子一样让观众大感兴趣，其形状像一把伞，有一圈支架，可以在头顶上支起来。

不仅 18 世纪馆的展品琳琅满目，19 世纪和 20 世纪馆更是五彩缤纷、争奇斗艳，令人眼花缭乱。这里除了展出各种宴会和会见贵宾时穿的漂亮、隆重的礼服外，还有骑自行车、游泳、赛车、击剑时穿着的运动服，甚至还有几种已被淘汰掉的宗教服装。

博物馆里的多种展品最早都是服装史学会主席兼画家莫里斯·勒鲁

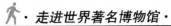

瓦捐赠的收藏品。后来，越来越多的参观者看了服装展览之后，纷纷将自己家传统的纪念品捐赠给博物馆，希望这些服装能对设计现代服装提供一些参考。于是，馆内展品从1956年至今增加了3倍。更有许多著名的艺术家、缝纫师、画家等等也把自己宝贵的心血结晶献给了这座博物馆。在社会各界人士的大力支持下，博物馆的规模越来越大，内容也越来越丰富，不仅有服装实物，而且有多种服装书籍、图片等等。给每一个到此参观的人留下难以忘怀的印象。这家博物馆在1986年举办了两次服装展览，一次是展出馆内的收藏，另一次是巴黎最著名的尚在人世的服装设计师伊夫·圣洛朗举办的时装展览。这两次展览共吸引了10多万人参观，人们沉迷于五光十色的服装世界里，尤其是那些风华正茂、青春焕发、对服装的诱惑力几乎无法抗拒的姑娘们，更是流连忘返。

在这座博物馆中，不仅有法国各个时代的服装，而且还有国外一些名流穿过的服装，已故的摩纳哥格雷斯公主的两件晚礼服也是博物馆的收藏品。所以说，到巴黎不到这个全世界最令人难忘的服装博物馆一游，那将是非常遗憾的。

法国国家自然博物馆（法国）

　　在巴黎市中心的塞纳河畔，距有名的巴黎圣母院不远的地方，坐落着一座全世界闻名的博物馆——法国国家自然博物馆。这座历史悠久，占地达 22 公顷的巨大博物馆，集世界最丰富、最罕见的动植物和矿物标本之大成；聚动物园、植物园、高山公园、古建筑、实验室、图书馆和暖房于一体；荟萃众多稀世之宝，呈现出奇特的大自然景观，展现了自然界传统的、现代的及未来的多学科的领域。这里既是学者们登上科学高峰的殿堂，也是普通观众从中获得知识的源泉。

　　这里有几个入口，在塞纳河畔的瓦鲁广场入口处，矗立着生物进化论者拉马克的雕像；周围的街道入口，分别以其他一些科学家命名，为博物馆增添了光彩。

　　自然博物馆在 1650 年对公众开放。几个世纪以来，它始终坚持着创建人德拉博斯和布瓦尔确定的展览、教学和科研相结合的方向。

　　1636 年，国王路易十三接受了德拉博斯的请求，签署法令确认建立"皇家公园"，并决定设立植物学、化学、解剖学的研究和教学机构。这就为建立博物馆奠定了基础。如今，1636 年栽种的美国洋槐、1774 年种下的科西嘉落羽杉等世界闻名的植物，仍然枝繁叶茂。

　　自然博物馆 1714 年修建了第一座暖房。这就使得研究人员们从非洲、阿拉伯地区以及南美地区带回的各种稀有植物，有了在这里生长繁衍的可能。以后又修建了规模宏大的实验室作为教学场所。1789 年，

法国大革命爆发，国民公会于 1793 年通过法令将"皇家公园"改名为"国家自然博物馆"，同一时期还建成了动物园、图书馆。虽然现在动物已迁往他处，但那古老的圆形动物园的建筑仍然保留着，并全部修饰一新，成为博物馆发展的一个里程碑。

1889 年，动物标本展馆建成，成为博物馆的一所重要的建筑和组成部分。这里的标本栩栩如生，巨大的恐龙、凶猛的食肉动物和剽悍的野牛一个个展现在观众面前；种类繁多的昆虫标本显示了自然界的奇妙；不同门类动物进化的陈列告诉人们 34 亿年来地球生命演化的历程和大自然经历的漫长而巨大的变化。这里还设有一座表现动物远古风貌的声光展厅，更以其逼真的场面，吸引着观众。大量的浸制标本则收藏在一座地下标本馆里，数量多达 200 余万件。

在矿物学与地质学的展馆里收藏着 24 万件矿物标本，其中以法国皇帝路易十四所搜集的 1000 件宝石和 2500 件陨石是最为吸引观众的。博物馆里还设有专厅，用以陈列那些曾经为人类科学文化进步作出卓越贡献的有关学科的科学家雕像，有的沉思，有的凝视前方，一个个深沉含蓄，令人屏息驻足，肃然起敬。

这里日益丰富的收藏品和门类众多的实验室以及各种先进的设备，不仅提供给在这里工作的 700 名研究者中的有关人员使用，也对世界各国生物学家和地质学家开放。它不仅是法国的动物学、昆虫学、比较解剖学、植物学、人类学和矿物学的重要研究中心，也是一个科学普及教育中心。

博物馆幽静的草坪中央坐着布封·居维叶的铜像。这位法国启蒙运动的思想家、科学家、进化论的先驱曾在这里工作过 50 年，写出过洋洋 30 多卷的《自然史》。他手执一只鸟的标本，凝视着向他走来的人们，期待着后人为探索大自然的奥秘作出新的努力。

蓬皮杜国家文化艺术中心 （法国）

　　蓬皮杜国家文化艺术中心简称"蓬皮杜中心"，位于法国巴黎市中心，距卢浮宫和巴黎圣母院各约 1000 米。蓬皮杜中心是在法国前总统蓬皮杜的倡议下，由意大利建筑师皮亚诺和英国建筑师罗杰斯共同设计建造的，1977 年，中心建成开放，并以其倡议者蓬皮杜总统的名字命名。

　　蓬皮杜中心是一座巨大的长方形建筑，长 166 米，宽 60 米，高 42 米，地上共有 6 层，总建筑面积近 10 万平方米。整个建筑除钢架结构外，全部为玻璃覆盖。建筑师有意将结构和设备作为建筑物的装饰。因此，钢结构梁、柱、桁架、拉杆等以及各种颜色的管线全部暴露在外。在东立面上，挂满五颜六色的各种管道，红色的是交通运输设备，绿色的是给水、排水系统，蓝色的是空调系统，黄色的是供电系统。人们可以从大街上望见大楼里面五彩缤纷的设备。在西立面上，悬挂着几条有机玻璃的"巨龙"，一条是从底层蜿蜒而上的自动扶梯，其他几条水平方向的是多层的外走廊。设计者把这些布置在建筑外面，其目的是使楼层内部空间不受阻隔。整座大楼由 28 根钢管柱支撑，其中除一道防火隔墙外，没有一根内柱，各层门窗和隔墙都不承重，可以任意移动或取舍。这座大楼共用去 1.5 万吨钢、5 万吨混凝土和 1.1 万平方米的玻璃。

　　蓬皮杜中心的结构设计充分显示了工业技术对新建筑的巨大影响，

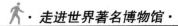

打破了文化建筑的典雅、宁静的传统风格，使它从外表看起来就像一座化工厂或一艘远洋客轮。这座古怪的建筑落成后，受到多方指责，但现在已成为巴黎市最受欢迎的文化艺术活动场所，并且也成为西方当代新建筑的著名代表作。

蓬皮杜中心的建立宗旨，是用现代化的设备、以创造性的方法来传播文化艺术知识。中心包括4个部分，即公共图书馆、现代艺术博物馆、工业设计中心、音乐和声学研究所。

公共图书馆是法国对公众开放的最大图书馆，共有两层，有图书50万册、期刊2000多种，还有许多声像资料。全部图书、杂志都是开架阅览。图书馆每年接待读者400多万人，在全世界图书馆中首屈一指。

现代艺术陈列馆是法国目前最大的现代艺术品陈列馆，在参观人次和收藏数量方面仅次于纽约现代艺术博物馆而位于第二。这里收藏有1914年以后的绘画和雕塑作品，其中包括现代派、抽象派、印象派、荒诞派、立体派、野兽派的绘画和雕塑。

工业设计中心经常举办各种展览，介绍建筑、城市建设、公用设施及日用工业产品和新发明。音乐和声学研究所设在蓬皮杜中心西侧的广场下面地下室里，有实验室、电声设备室、收音室、计算机控制室和一个新颖奇特的音乐厅。音乐工作者可以在这里利用现代化的设备进行音乐创作。蓬皮杜中心还有儿童画室、各种展览厅、剧院、电影院，以及咖啡馆、餐厅等服务设施。

雅典国立考古博物馆 (希腊)

　　雅典国立考古博物馆是雅典 20 多所博物馆之中最大、收藏最丰富的一个博物馆，是希腊最大的古文物博物馆，也是首都雅典重要的参观景点。博物馆建于1866～1889 年，收藏希腊各地出土的各个时期价值极高的文物。博物馆有大厅、陈列室等 50 多个房间，收藏文物近 2 万件。绝大多数文物反映了希腊神话中的内容，可谓集古希腊文物之大

雅典博物馆

全。前厅的中路是迈锡尼文物陈列区，其中的金制面具、器皿和装饰品最为著名。中路的两侧为雕塑陈列区，有各种战具；再往北就是青铜器陈列区。战后新建的双层建筑后厅为陶器和陶瓶陈列区，陶器的造型和瓶上的图案显示出希腊艺术优美精细的特点。

博物馆分为两层展示馆，共有 50 间展示室，里面摆满了来自各个时期的文物，通常要花半天的时间才能看完。如果时间不够，建议可挑重点文物欣赏。

入口后，首先看到的是迈锡尼展示室，里面收藏着"阿加曼农黄金面具"，是专家在锡尼国王阿加曼农死后，依其面貌所制成的黄金面罩，是强盛一时的迈锡尼文明的最好明证；此外还有迈锡尼青铜时期的一丘之貉宝及陶器，以及从伯罗奔尼撒半岛出土的史前文物。

第 15 室的海神波赛顿铜像，第 21 室的少年和马，和左侧依年代展示的 Kouroi 站立人像，都是不可错过的收藏。

博物馆还有从圣托里尼南部的 Akrotiri 出土的壁画。壁画上描绘了希腊日常生活的情形，如打拳少年、航海图等。这些壁画在公元前 1500 年时因火山爆发被埋没于地下，现在在岛上的都是复制的壁画。其他的展示室陈列了古希腊人在日常生活中用的红色及黑色的瓶和瓮，上面画着几何图案。

本篇简介 **B**enpian **B**jianjie 　该馆承载了欧洲人对艺术的迷恋与梦想。它美妙的曲线与鹤立鸡群的造型，每年吸引几百万游客登门造访。

古根海姆艺术博物馆（西班牙）

　　1991 年，西班牙北部城市毕尔巴鄂市政府与古根海姆基金会共同做出了一项对城市未来发展影响极为深远的决定：邀请美国建筑大师弗兰克·盖里为该市即将兴建的古根海姆博物馆进行建筑设计。毕尔巴鄂市始建于 1300 年，因优良的港口而逐渐兴盛，在西班牙称雄海上的年代成为重要的海港城市，17 世纪开始日渐衰落。19 世纪时，毕尔巴鄂

古根海姆艺术博物馆

因出产铁矿而重新振兴，但20世纪中叶以后再次式微。1983年的一场洪水更将其旧城区严重摧毁，整个城市雪上加霜，颓势难挽，虽百般努力却苦无良策。20世纪90年代初，毕尔巴鄂已沦为欧洲籍籍无名的蕞尔小城，若非该市球队在西甲联赛中尚占有一席之地，绝大部分人可能终身无缘闻该市之名。为城市复兴大计，毕市政府决议发展旅游业，但该市历史不长、名头不响、风俗不奇、景色不佳，兼乏名人旧迹，各种可能的旅游资源一一欠奉，如何吸引外埠人士前来观光成为头号难题。多方问计之后，决定兴建一家现代艺术博物馆，寄希望于欧洲众多艺术爱好者的"文化苦旅"。而纽约古根海姆博物馆以收藏现代艺术品著称，其基金会早有向欧洲拓张之意，双方一拍即合，要将新的博物馆营造成当代的艺术奇迹。

博物馆选址于城市门户之地——旧城区边缘、内维隆河南岸的艺术区域，一条进入毕市的主要高架通道穿越基地一角，是从北部进入城市的必经之路。从内维隆河北岸眺望城市，该博物馆是最醒目的第一层滨水景观。面对如此重要而富于挑战性的地段，盖里给出了一个迄今为止建筑史上最大胆的解答：整个建筑由一群外覆钛合金板的不规则双曲面体组合而成，其形式与人类建筑的既往实践均无关涉，超离任何习惯的建筑经验之外。在盖里魔术般的指挥下，建筑，这一章已凝固了数千年的音乐又重新流动起来，奏出令人瞠目结舌的声响。

在邻水的北侧，盖里以较长的横向波动的三层展厅来呼应河水的水平流动感及较大的尺度关系。因为北向逆光的原因，建筑的主立面终日将处于阴影中。盖里聪明地将建筑表皮处理成向各个方向弯曲的双曲面。这样，随着日光入射角的变化，建筑的各个表面都会产生不断变动的光影效果，避免了大尺度建筑在北向的沉闷感。在南侧主入口处，由于与19世纪的旧区建筑只有一街之隔，故采取打碎建筑体量过渡尺度的方法与之协调。更妙的是，盖里为解决高架桥与其下的博物馆建筑冲突的问题，将建筑穿越高架路下部，并在桥的另一端设计了一座高塔，使建筑对高架桥形成抱揽、涵纳之势，进而与城市融为一体。以高架路为纽带，盖里将这栋建筑沛然莫御的旺盛生命活力辐射入城市的深处。

博物馆的室内设计极为精彩，尤其是入口处的中庭设计，被盖里称为"将帽子扔向空中的一声欢呼"，创造出以往任何高直空间都不具备的、打破简单几何秩序性的强悍冲击力，曲面层叠起伏、奔涌向上，光影倾泻而下，直透人心，使人目不暇给，百不能指其一。在此中庭下，人们被调动起全部参与艺术狂欢的心理准备，踏上与庸常经验告别的渡口。有鉴于赖特在纽约古根海姆博物馆设计中对艺术展品不够尊重的教训，盖里的展厅设计简洁静素，为艺术品创造一个安逸的栖所。

古根海姆博物馆极大地提升了毕尔巴鄂市的文化品格，1997年落成开幕后，它迅速成为欧洲最负盛名的建筑圣地与艺术殿堂，一时间冠盖云集，游客如织，成为欧洲文化界人必躬逢之盛。博物馆的参观人数在年余间就达400万人次，直接门票收入即占全市年收入的4％，而带动的相关收入则占到20％以上。毕尔巴鄂一夜间成为欧洲家喻户晓之城、一个新的旅游热点。毕市政府赚得盆满钵满、食髓知味之余，随即邀请全世界多位著名建筑师为其设计各种标志性建筑。古根海姆基金会创造了现代文化奇迹，为博物馆界留下了一个不胫而走的神话，与毕市政府形成"双赢"。弗兰克·盖里也由此确立了其在当代建筑的宗师地位，并被委托设计纽约古根海姆博物馆新馆。

在20世纪90年代人类建筑灿若星河的创造中，毕尔巴鄂古根海姆博物馆无疑属于最伟大之列。与悉尼歌剧院一样，它们都属于未来的建筑提前降临人世，属于不是用凡间语言写就的城市诗篇。1996年普利茨克建筑奖得主、哈佛大学教授、西班牙著名建筑师拉斐尔·莫尼欧对它由衷叹服道："没有任何人类建筑的杰作能像这座建筑一般如同火焰在燃烧。"

普拉多博物馆（西班牙）

普拉多博物馆建于 18 世纪，位于西班牙马德里，被认为是世界上最伟大的博物馆之一，亦是收藏西班牙绘画作品最全面、最权威的美术馆。博物馆收藏有 15～19 世纪西班牙、佛兰德和意大利的艺术珍品，尤其以西班牙画家戈雅的作品最为丰富。二楼是博物馆最重要的地方，分为很多小厅，陈列了不少西班牙及意大利画作，参观者要花上半天才能尽览无遗。

普拉多的主体建筑，于 18 世纪末由建筑师胡安·德·比利亚努埃瓦按新古典主义风格设计，原先作自然科学馆用。以后几经沧桑，特别在法国入侵西班牙——拿破仑把他的兄弟安置在西班牙王位上之后，普拉多改作绘画博物馆，于 1819 年根据斐迪南七世（1813～1833 在位）的命令开幕。除大量绘画作品，这里还搜集了雕刻、素描、家具、钱币、徽章、从壁毯到彩色镶嵌玻璃窗的各种装饰艺术品以及稀世的珠宝。在 18 世纪末的另一幢建筑比利亚埃尔莫萨宫里，陈列 18 世纪欧洲及西班牙艺术家的作品；后者以戈雅的作品为中心，突出了这位阿拉贡天才艺术家无与伦比的品格。距离这两座建筑不远的"隐逸馆"，是同名旧皇宫遗存下来的部分，陈列 19 世纪的艺术品，即从戈雅之后开始，至胡安·格里斯、米罗、毕加索——其著名的《格尔尼卡》于 1981 年收进。

普拉多一如其他欧洲博物馆，艺术品收藏始于皇室。其奠基者是哈布斯堡和波旁两个王朝。1819年开馆后，皇室藏品逐渐移入馆内。尔后通过国家从艺术市场或展览会选购，或由私人捐赠，馆藏日丰。1868年，西班牙革命推翻伊利莎贝尔二世（1833～1868在位），"皇家博物馆"收归国有，改称"国家绘画雕刻博物馆"。又因其坐落在马德里的普拉多林荫道，使冠以"普拉多"的名称。1872年，普拉多根据19世纪下半叶的自由政策，没收了被查封的宗教团体的艺术藏品，特别是接收了建于1836年的国家三位一体博物馆的藏品，由此大量增加了宗教题材的西班牙绘画与雕刻作品。

20世纪以来，普拉多继续扩大和更新，现已成为全西班牙陈列、展览、报告会、音乐会等各种文化活动最重要的中心。它对建筑及设施的维修十分重视；此外，根据博物馆学的新要求，致力于展室温湿调节、排水防火等各种改进措施，以使博物馆随着时代的向前而顺利迈进21世纪。

意大利画家笔下18世纪时的博物馆普拉多博物馆的主要建筑建于西班牙国王查理三世时期，是当时一批国家资助扩大马德里市区建筑的一部分。"普拉多"在西班牙语中的意思是"沼泽"，是当时这一处房产主人的名字，后来收归国有后仍然保留了这个名字。在拿破仑占领时期，建筑停止建设。这处建筑成为拿破仑的骑兵总部和火药库，直到查理三世的孙子菲迪南七世在位时才恢复建设。到了1868年伊莎贝拉二世在位时，收归国有，改为博物馆，成为国王收藏艺术品的地方，由于地方太小，不足以充分展览收藏品，1918年进行了扩建。

后来又将两座不与主建筑相连的建筑，划入博物馆管辖。博物馆1971年将收集19世纪艺术品的"波·里提罗"画廊并入；1985年将展出私人收藏品的"提森·波奈米萨"博物馆并入。这两馆的收藏品弥补了普拉多博物馆收藏品的不足。

在西班牙内战期间，博物馆将主要藏品转移到东海岸的巴伦西亚，后来又转移到法国和西班牙交界的赫罗纳，最后直到瑞士日内瓦。二战开始后又用夜车秘密通过法国运回来。

普拉多博物馆的藏品大约有 5000 幅素描、2000 幅版画、1000 种硬币及奖章、2000 种装饰品及其他艺术品，700 多件雕塑作品，但最主要的藏品是大师们的绘画作品，大约有 8600 幅，使普拉多博物馆跻身于世界著名博物馆行列之中。普拉多博物馆是世界上保有委拉士开兹和戈雅作品最多的博物馆，也是藏有荷兰画家希伦姆斯·博斯作品最多的博物馆，这是因为原西班牙国王腓力二世最欣赏他们的画而大力收藏的结果；同时藏有拉斐尔、米开朗基罗、提香、鲁本斯、伦勃朗、丢勒、波提切利、委罗内塞等大师的作品，以及其他一些文艺复兴时期意大利和希腊画家的作品。

在普拉多收藏中，最主要的部分毕竟是西班牙画派浩瀚的、具有世界意义的作品。中世纪直至 20 世纪末的整个西班牙艺术发展史，可从普拉多的收藏得到完美的反映。这一无与伦比的珍藏，体现出西班牙绘画在思考、创作、感受、观察、绘制等各个方面的独特方式。

在前几个世纪中尚湮没无闻的中世纪绘画，于 20 世纪进入了普拉多。从贝尔兰加的圣包德洛教堂和马德鲁埃洛的圣十字隐修院等处移来的精美罗曼壁画，到许多杰出哥特祭坛画，反映了 12～15 世纪之间伊比利亚半岛上独特的文化。众多佚名或知名的大师代表着罗曼式、线式哥特式或法兰西哥特式、14 世纪潮流、国际哥特式或西班牙——佛兰德斯风格——这是来自低地国家的表现程式与西班牙画派传统精神的融合。从费尔南多·加列戈至佩德罗·贝鲁格特这一阶段，标志着早期文艺复兴的到来。

达·芬奇的艺术在亚涅斯·德·拉·阿尔梅迪亚的作品中得到反响。至于 16 世纪意大利的光辉，则反映在胡安·德·华内斯以及巴伦西亚派和托莱多派的创作中。这两派已转向样式主义；稍后的路易斯·德·莫拉莱斯和埃尔·格雷科卓然不群的肖像及宗教作品，尤其揭示了这一发展。普拉多拥有 34 幅精彩的埃尔·格雷科作品。与此同时，腓力二世的一些画师如桑切斯·科埃略、潘托 哈·德·拉·克鲁斯等人，也都是观察敏锐、风格庄重的肖像高手。

西班牙的巴洛克艺术，由塞维利亚派、巴伦西亚派和马德里派的画家创立。普拉多收藏他们作品的数量极为惊人：贝拉斯克斯 50 幅、苏尔瓦兰 22 幅、里瓦尔塔 6 幅、里韦拉 50 幅、卡诺 10 幅、穆里略 40 幅、巴尔德斯·莱亚尔 6 幅、卡雷尼奥·德·米兰达 10 幅、克劳迪奥·科埃略 10 幅，以及其他诸如帕切科、两位埃雷拉斯、安托利内斯、塞雷索、埃斯卡兰特、佩雷达、阿雷利亚诺、范·德尔·阿曼、桑切斯·科坦、卡杜乔、卡赫斯、卡斯特洛、马索、阿圭罗、里奇等艺术家的肖像画、历史画、宗教画、静物画、风景画和各类装饰作品，数不胜数。这些画家为西班牙艺术动人心魄的"黄金世纪"做出了重大贡献。